Projekte führen

Stefan Kühl

Projekte führen

Eine kurze organisationstheoretisch informierte Handreichung

 Springer VS

Stefan Kühl

Metaplan
Quickborn, Deutschland

Universität Bielefeld
Bielefeld, Deutschland

ISBN 978-3-658-13426-6   ISBN 978-3-658-13427-3 (eBook)
DOI 10.1007/978-3-658-13427-3

Die Deutsche Nationalbibliothek verzeichnet diese Publikation in der Deutschen Nationalbibliografie; detaillierte bibliografische Daten sind im Internet über http://dnb.d-nb.de abrufbar.

Springer VS

Lektorat: Katrin Emmerich, Jennifer Ott

Gedruckt auf säurefreiem und chlorfrei gebleichtem Papier

Springer VS ist Teil von Springer Nature
Die eingetragene Gesellschaft ist Springer Fachmedien Wiesbaden GmbH

Inhalt

Vorwort – Führen von Projekten jenseits
des Maschinenmodells von Organisationen | 1

1   Was ist ein Projekt? Ein Bestimmungs-
    und Einordnungsvorschlag | 7
1.1 Projekte – eine Bestimmung | 8
1.2 Projekte und die drei Seiten der Organisation | 17

2   Der Charme und die Grenzen
    eines zweckrationalen Zugangs
    zum Projektmanagement | 25
2.1 Das zweckrationale Modell
    des Projektmanagements | 27
2.2 Die Funktion einer zweckrationalen
    Darstellung von Projekten | 29
2.3 Die Grenzen eines zweckrationalen
    Projektmanagements | 31

3   Projektmanagement jenseits
     einer zweckrationalen Verengung | **35**
3.1 Jenseits von klar definierten Projektzielen:
     kontingente Prozessführung | **36**
3.2 Jenseits der klaren Projektphasenabfolge:
     Erproben, ehe es zu Ende gedacht wurde | **41**
3.3 Jenseits der klaren Projektevaluation:
     Was kann in einem kontingenten Projektverlauf
     als Erfolg gewertet werden? | **45**
3.4 Jenseits von Projektgruppen
     und Lenkungsausschüssen:
     Die Auflösung klassischer Projektinstanzen | **51**
3.5 Jenseits der Win-win-Mythologie:
     Projektmanagement als Organisation
     mikropolitischer Spiele | **55**

4   Grenzen und Möglichkeiten
     des Managements von Projekten
     zur Lösung schlecht definierter Probleme | **61**

Literaturverzeichnis | **65**

Lektürehinweise – für ein organisationstheoretisch
informiertes Verständnis von Organisationen | **73**

Vorwort – Führen von Projekten jenseits des Maschinenmodells von Organisationen

Angesichts unzähliger Bücher zum Projektmanagement ist die Frage berechtigt, wofür ein weiteres Buch zu diesem Thema überhaupt gut sein soll. Inzwischen gibt es für jede noch so kleine Branche bereits mehrere Projektmanagementbücher. Die verschiedenen Gesellschaften und Institute für Projektmanagement geben jeweils ihre eigenen Manuals heraus. Und selbst in der erfolgreichen »Für Dummies«-Reihe gibt es inzwischen nicht nur Bücher wie »Achtsamkeit für Dummies« und »Den Traummann finden für Dummies«, sondern auch ein Buch »Projektmanagement für Dummies«, in dem letztlich aber auch nichts anderes steht als in den meisten anderen Büchern über Projektmanagement (siehe dazu Portny 2012).

Der Grund für ein weiteres Buch über Projektmanagement ist einfach – nämlich eine auffällige Verengung in der Diskussion über Projektmanagement. Die überwiegende Anzahl der Bücher, die meisten Artikel in den auf Projektmanagement spezialisierten Zeitschriften und der Großteil der Ausbildungsgänge für Projektmanager sind durch die Vorstellung geprägt, dass man das Ziel eines Projektes genau definieren, die zur Erreichung nötigen Mittel vorher festlegen und im Voraus eine möglichst detailliert mit Verantwortlichkei-

ten hinterlegte Projektstruktur zur Erreichung des Ziels bestimmen sollte.

Diese propagierte Vorgehensweise hat eine gewisse Spon-
tanplausibilität. Sie passt gut in die Vorstellung, dass Organisationen von ihrem Zweck aus begriffen und dass möglichst geeignete Mittel zur Erreichung dieses Zwecks gefunden werden
müssen. Das Problem mit dieser Sichtweise ist jedoch – und
das ist inzwischen durch die Organisationsforschung überzeugend herausgearbeitet worden –, dass die meisten Organisationen nicht nach diesem einfachen Zweck-Mittel-Schema
funktionieren. Organisationen sind durch widersprüchliche
Zwecke gekennzeichnet, die sich häufig unbemerkt verändern
oder nicht reibungslos in Unterzwecke für einzelne Organisationseinheiten heruntergebrochen werden können.

Dieses Buch über Projektmanagement versteht sich als ein
Beitrag zu einem Paradigmenwechsel im Management von
Organisationen. Die Vorstellung, dass Organisationen sich
wie Maschinen führen und optimieren lassen, dominiert zwar
immer noch die Phantasie nicht weniger Manager und Berater, hat aber in den letzten Jahrzehnten stark an Popularität
eingebüßt. Nicht nur an den Ergebnissen der Organisationsforschung, sondern besonders auch in der alltäglichen Praxis
lässt sich erkennen, dass Organisationen nicht wie Trivialma-
schinen funktionieren, bei denen man weiß, welcher Output
bei einem bestimmten Input herauskommt. Aber auch wenn
es inzwischen zu den Lippenbekenntnissen von Managern
und Beratern gehört, Organisationen als »komplex«, »nicht-
trivial« oder »chaotisch« zu bezeichnen, dominiert in der Literatur immer noch die zweckrationale Sichtweise auf die Organisation.

In diesem Buch wird gezeigt, wie das Führen von Projekten jenseits des dominierenden, sich am Zweck-Mittel-Schema orientierenden Verständnisses von Organisationen aussehen kann. Dafür werden nach einer Definition von Projekten

als einer besonderen Form von Zweckprogramm und der Einordnung von Projekten in eine übergreifende Organisationsperspektive (Kapitel 1) die Gründe für die Attraktivität eines am Zweck-Mittel-Schema orientierten Verständnisses von Projektmanagement herausgearbeitet, und es werden die Grenzen dieses Verständnisses dargelegt (Kapitel 2). Dann wird ausführlich eine alternative Vorgehensweise beschrieben. Dabei plädiere ich dafür, sich von den Vorstellungen klar unterschiedener Projektphasen, eindeutig definierter Projektziele, der Einrichtung von Projekt- und Steuerungsgruppen und der Evaluation von Projekten zu lösen (Kapitel 3). Abschließend werden in einem Fazit die Möglichkeiten und Grenzen einer solchen alternativen Vorgehensweise im Projektmanagement dargestellt (Kapitel 4).

Wir stützen uns bei der Darstellung der Vorgehensweise in Projekten auf langjährige Erfahrung bei der Beratung von Unternehmen, Verwaltungen, Universitäten, Krankenhäusern und Non-Profit-Organisationen. Aber auch wenn dieses Buch aus der praktischen Arbeit bei der Führung von Projekten heraus entstanden ist und es sich vorrangig an Praktiker in Organisationen richtet, habe ich den Anspruch, dass unsere Vorgehensweise mit Einsichten der wissenschaftlichen Organisationstheorie abgestimmt ist. Wir wollen damit das Manko überwinden, dass ein Großteil der für Praktiker gedachten Literatur zu Projektmanagement ohne Bezugnahme auf Ansätze beispielsweise der verhaltenswissenschaftlichen Entscheidungstheorie, der Systemtheorie oder der Mikropolitik verfasst wird.

Man darf es sich dabei aber nicht zu einfach machen. Gerade in den Management Studies ist immer wieder hervorgehoben worden, dass Texte, die den wissenschaftlichen Ansprüchen genügen, häufig für Praktiker schwer zu nutzen sind und dass umgekehrt die für Praktiker besonders relevanten Texte in der Regel nicht wissenschaftlichen Standards entsprechen (siehe dazu grundlegend Augier und March 2007; Bartunek und Rynes 2014). Auch dieses Buch wird diese Kluft nicht grundlegend überwinden können. Mein Anspruch ist aber, dass wir unsere in der Praxis erprobte Vorgehensweise, die ich besonders im dritten Kapitel darstelle, in einen übergeordneten organisationstheoretischen Rahmen einfügen. Die Zielgruppe dieses Buches sind also Praktiker, die nicht davon abgeschreckt werden, wenn an der einen oder anderen Stelle gezeigt wird, welche organisationstheoretischen Grundüberlegungen sich hinter Praxisempfehlungen für das Projektmanagement verbergen. Wenn darüber hinaus Wissenschaftler bei der Lektüre des Buches – zum Beispiel durch die systemtheoretisch informierte Einordnung von Projekten als einer besonderen Form von Zweckprogrammen – die eine oder andere Idee bekommen, umso besser; aber darin besteht nicht unser primärer Anspruch.

Dieses kleine Buch ist Teil einer Reihe, in der wir vor dem Hintergrund moderner Organisationstheorien für Praktiker die Essentials für das Management von Organisationen darstellen. Neben diesem Band »Projekte führen« erscheinen Bücher zu den Themen »Organisationen gestalten«, »Strategien entwickeln«, »Leitbilder erarbeiten« und »Märkte explorieren«. In einem Buch über »Laterales Führen« stellen wir vor, in welcher Form Macht, Verständigung und Vertrauen beim Management von Organisationen wirken. Weil wir diese Bücher in einem Guss geschrieben haben, werden aufmerksame Leser in allen Büchern immer wieder verwandte Gedankengänge und ähnliche Formulierungen finden. Diese Überschneidungen werden von uns bewusst eingesetzt, um die Einheitlichkeit des zugrunde liegenden Gedankengebäudes und die Verbindungen zwischen den verschiedenen Büchern hervorzuheben.

Wir halten nichts davon, Texte für Manager und Berater mittels einer Ansammlung von Bullet Points, Executive Summaries, grafischen Darstellungen des Textflusses oder gar mit Übungsaufgaben zu »vereinfachen«. In den meisten Fällen werden durch diese »unterstützenden Mittel« die Leserinnen und Leser infantilisiert, weil davon ausgegangen wird, dass sie nicht in der Lage seien, ohne diese Hilfsmittel die zentralen Gedanken aus einem Text herauszuziehen. Wir nutzen in diesem Buch – genauso wie in allen anderen unserer Bücher in der Essentials-Reihe – deswegen neben einigen sehr sparsam eingesetzten Grafiken lediglich ein einziges Element, das die Lektüre des Buches erleichtert: In kleinen Kästen führen wir einerseits Beispiele an, die unsere Gedanken konkretisieren, und andererseits nutzen wir diese Kästen dazu, um ausführlicher Anschlüsse an die Organisationstheorie zu markieren. Wer wenig Zeit hat oder sich für diese Aspekte nicht interessiert, kann auf die Lektüre dieser Kästen verzichten, ohne dass dadurch der rote Faden verloren geht.

Die Vorüberlegungen zur Vorgehensweise in Projekten haben wir an verschiedenen Stellen zur Diskussion gestellt (Kühl und Schnelle 2003; Kühl et al. 2005; Kühl und Schnelle 2006). Wer sich für empirische Untersuchungen von Projekten interessiert, kann diese im Buch »Sisyphos im Management. Die vergebliche Suche nach der optimalen Organisationsstruktur« nachlesen (Kühl 2015b). Die organisationstheoretischen Grundlagen hinter diesem Konzept finden sich in meinem Buch »Organisationen. Eine sehr kurze Einführung«, in dem die Grenzen des am Zweck-Mittel-Schema orientierten Maschinenmodells von Organisationen und ein übergreifendes systemtheoretisch basiertes Verständnis von Organisationen dargestellt werden (Kühl 2011a).

Das Buch wurde im Rahmen des Metaplan-Qualifizierungsprogramms »Führen und Beraten im Diskurs« entwickelt. Den Teilnehmerinnen und Teilnehmern, die die hier vorgestellte Vorgehensweise nicht nur immer wieder kritisch hinterfragt, sondern auch ihre Erfahrungen aus der Praxis zurückgespielt haben, sei genauso für die vielfältigen Inputs gedankt wie den Organisationswissenschaftlern, die in den letzten Jahrzehnten unsere Praxis immer wieder kritisch reflektiert und kommentiert haben.

1 Was ist ein Projekt?
Ein Bestimmungs-
und Einordnungsvorschlag

Der Begriff des Projektes wird inzwischen für alles Mögliche verwendet. Paare definieren die Zeugung und die Aufzucht von Kindern als ihr gemeinsames Projekt, mit dem sie ihrer Beziehung einen Sinn geben wollen (Torka 2009, S. 10). Baumärkte fordern mit dem Spruch »Sag' es mit Deinem Projekt« Kunden auf, ihre Persönlichkeit durch den Einbau eines Pissoirs im privaten Badezimmer oder die Errichtung einer Striptease-Stange im Schlafzimmer zu zeigen. Revolutionäre Gruppierungen verstehen ihre Terroranschläge als Projekt zur Veränderung der Gesellschaft, und so ist es auch nur konsequent, dass die RAF im April 1998 das »Ende dieses Projektes Stadtguerilla« damit begründete, dass sie auf »diesem Weg nicht durchgekommen sind« (Prinz 2003, S. 292). Und selbst die Idee Josef Stalins, die Klassen abzuschaffen, indem man die »nichtzugehörigen oder absterbenden Klassen eliminiert«, wird von kritischen Beobachtern als eines der »grandiosesten Projekte der Weltgeschichte« bezeichnet (Bauman 1999, S. 97).

Es handelt sich dabei nicht nur um eine expansive Verwendung der Semantik des Projektes, sondern Projekte setzen sich als Strukturform in ganz verschiedenen gesellschaftlichen Feldern durch. In der Wirtschaft gewinnt das Arbeiten

in zeitlich befristeten Vorhaben so stark an Bedeutung, dass
einige Beobachter davon ausgehen, dass die Arbeit in den
klassischen Organisationsformen immer mehr an Bedeutung
verlieren wird. In der Wissenschaft hat die Arbeit in Forschungsprojekten eine so hohe Selbstverständlichkeit bekommen, dass nicht wenige Wissenschaftler die Projektförmigkeit als den Königsweg der Suche nach Wahrheit verstehen.
In der Politik wird beobachtet, dass sich immer mehr Bür-
ger zwar aus der langfristigen Arbeit in Parteien zurückziehen, sich aber vorübergehend für Projekte wie den Bau einer
Umgehungsstraße, die Verhinderung von Bahnhofsneubau-
ten oder die Blockade von internationalen Handelsabkom-
men mobilisieren lassen. Und auch in der Religion finden
sich Gläubige nicht mehr nur in religiösen Organisationen
zusammen, sondern der Glaube wird zunehmend – zum Beispiel im Rahmen von Kirchentagen – projektbezogen prakti-
ziert. Angesichts solcher Trends scheint es nicht unplausibel,
von einer zunehmenden »Projektifizierung« der Gesellschaft
zu sprechen.

Aber was versteht man eigentlich unter einem Projekt?
Was ist das Charakteristische an Projekten, die sich in der Gesellschaft angeblich immer mehr durchsetzen?

1.1 Projekte – eine Bestimmung

Aus der Perspektive der systemtheoretischen Organisationsforschung lässt sich ein Projekt als ein *Zweckprogramm bestimmen, das nur einmalig ausgeführt werden soll.* Man denke
beispielhaft an den Bau eines Staudammes zur Elektrizitäts-
gewinnung und Bewässerung, die Erschließung eines neuen
Marktes für Schnellzüge, die Errichtung einer neuen Pro-
duktionsanlage für Computer-Chips, die Herstellung einer
Fernsehserie, die Entwicklung eines neuen Arzneimittels, die

Vorbereitung einer Fusion zweier Universitäten oder die Restrukturierung einer Abteilung (Luhmann 2000, S. 272). Durch diese Bestimmung von Projekten als ein einmalig auszuführendes Zweckprogramm ist es möglich, Projekte in ein grundlegendes Verständnis der Struktur von Organisationen einzuordnen. In der systemtheoretischen Organisationsforschung werden drei grundlegende Typen von Organisationsstrukturen – oder präziser ausgedrückt: von Entscheidungsprämissen – unterschieden (siehe umfassend Luhmann 2000, S. 211 ff.). Der erste Typus sind die *Programme* einer Organisation, also die Entscheidungen über Wenn-dann-Programme oder Zielvorgaben, über die man feststellen kann, ob ein Mitglied richtig oder falsch gehandelt hat. Der zweite Typus sind die *Kommunikationswege* einer Organisation, also die Mitzeichnungsrechte, hierarchischen Weisungsbefugnisse oder Projektnetzwerke, über die die Kommunikationen in der Organisation geregelt werden. Der dritte Typus von Entscheidungsprämissen sind die Entscheidungen über *Personal*. Dieses Verständnis von Personen als Strukturmerkmal von Organisationen ist auf den ersten Blick überraschend, leuchtet aber unmittelbar ein, wenn man sich vor Augen hält, dass es aufgrund von Personalwechsel häufig zu anderen Entscheidungen kommt, auch wenn die Kommunikationswege und Programme sich nicht ändern.

Der Programmcharakter von Projekten

Zweckprogramme – also der für Projekte maßgebliche Strukturtypus – legen fest, welche Zwecke beziehungsweise Ziele erreicht werden sollen. Dabei steht die Auswahl der Mittel, die zur Erreichung der vorgegebenen Ziele oder Zwecke eingesetzt werden sollen, innerhalb bestimmter Grenzen frei. Konditionalprogramme sind dagegen ganz anders gebaut. Sie legen fest, was getan werden muss, wenn in einer Organisation ein bestimmter Impuls wahrgenommen wird. Bei Konditionalprogrammen gibt es mithin eine feste Kopplung zwischen der Bedingung einer Handlung – dem »Wenn« – und der Ausführung einer Entscheidung – dem »Dann«. Dabei ist die Vorgehensweise genau festgelegt: Das Programm bestimmt, was zu tun ist – und was nicht ausdrücklich erlaubt ist, ist bei Konditionalprogrammen verboten (siehe kompakt Luhmann 2000, S. 260 ff.).

Zweckprogramme haben zwangsläufig einen Zeitbezug. Ein Zweckprogramm zur Errichtung eines Hauptstadtflughafens, dessen Fertigstellung nicht terminiert wäre, könnte nur scheitern. Es ließe sich gar nicht feststellen, ob der Zweck erreicht wurde, weil die Bauherren ja darauf verweisen könnten, dass sie einfach noch ein bisschen mehr Zeit brauchten. Das würde zwar die Verantwortlichen entlasten, würde aber dem Sinn eines Zweckprogrammes grundsätzlich entgegenstehen. Der Vorteil von Programmen mit zeitlicher Befristung besteht darin, dass man zu einem vorher festgelegten Zeitpunkt bestimmen kann, ob »die Ziele erreicht worden sind oder nicht«. Beides – also sowohl das Erreichen als auch das Verfehlen der Ziele – »beendet das Projekt« (Luhmann 1992, S. 613).

Auch wenn jedes Projekt ein mehr oder minder spezifiziertes Zweckprogramm ist, kann nicht jedes Zweckprogramm auch als ein Projekt verstanden werden. Bei der Installation eines neuen Stromanschlusses, der Bestimmung der aktuellen Tagesgerichte in einem Restaurant oder der Lektorierung eines Buches in einem Verlag handelt es sich ebenfalls um Zweckprogramme. Aller inflationären Verwendung des Begriffes Projekt zum Trotz würde man sich als Organisationsmitglied wohl immer noch lächerlich machen, wenn man die standardmäßige Verlegung eines Stromanschlusses, die Festlegung eines Tagesgerichts oder die Verbesserung des Buches eines Autors als Projekt bezeichnen würde.

Bei Zweckprogrammen, die – um einen Begriff von Herbert A. Simon zu verwenden – an »gut definierten Problemen« ansetzen, würde man nicht von einem Projekt sprechen. Bei gut definierten Problemen stimmen die beteiligten Akteure in der Problemdefinition überein, und es können alle notwendigen Informationen über das Problem beschafft werden. Dies ermöglicht eine effektive Vorausprogrammierung der Aufgabenerfüllung (vgl. March und Simon 1976, S. 150 ff.). Manchmal lassen sich solche gut definierten Probleme schon mit einem Konditionalprogramm bearbeiten, beispielsweise wenn man einen neuen Mitarbeiter mithilfe des Alphabets nach einer vorgegebenen Regel in das Telefonverzeichnis einfügen soll. Manchmal können sie mit simplen Zweckprogrammen bearbeitet werden, bei denen lediglich drei, vier Mittel zu Auswahl stehen.

Demnach lassen sich nur solche Zweckprogramme als Projekt bestimmen, die an schlecht definierten Problemen ansetzen und deren Lösungen in der Regel nicht wiederholt angewendet werden können. Unter einem schlecht definierten Problem versteht man ein Problem, über dessen Struktur man nur begrenzte Informationen hat, dessen Deutung von Akteur zu Akteur unterschiedlich ist und zu dessen Lösung aufgrund der Komplexität nicht alle Handlungsalternativen erwogen und auf ihre Folgen abgeklopft werden können. Zu solchen schlecht definierten Problemen gehören beispielsweise Reorganisationsprojekte, bei denen die Ziele unklar sind oder während des Vorhabens häufig geändert werden, oder komplexe EDV-Projekte, bei denen am Ende nicht selten etwas ganz anderes herauskommt als das, was vorher im Pflichtenheft festgelegt wurde.

Einordnung von Projekten in Kommunikationswege

Wenn ein Zweckprogramm zur Lösung eines schlecht definierten Problems festgelegt wurde, dann setzen in Organisationen Diskussionen ein, welche Stellen für die erfolgreiche Durchführung des Zweckprogramms verantwortlich sind. Die Rede ist von der »Schaffung von Projektstrukturen«, von der »Etablierung einer Projektarchitektur« oder von der »Einrichtung von Projektgremien«. Systemtheoretisch gesprochen geht es um die Einbindung des Projektes in die Kommunikationswege der Organisation. Bei der Festlegung von Kommunikationswegen wird bestimmt, auf welche Art und auf welchen Bahnen in der Organisation offiziell kommuniziert werden darf. Durch das Festlegen von legitimen Kontaktpunkten, »Instanzenzügen« und Zuständigkeiten werden die Möglichkeiten der Kommunikation in der Organisation zunächst einmal massiv eingeschränkt. Es wird auf einen großen Teil der möglichen Kontakte verzichtet, und nur eine kleine Zahl legitimierter Kontakte und Entscheidungsbefugnisse wird zugelassen. Hierarchien und Mitzeichnungsrechte können miteinander kombiniert werden, sodass sich ganz eigene Formen und Netzwerke von Kommunikationswegen ausbilden.

Projekte in Organisationen sind dabei immer in irgendeiner Form in die Kommunikationswege – und damit auch in die Hierarchie – einer Organisation eingebunden. Zwar mag innerhalb von Projektgruppen auf die Etablierung einer Projekthierarchie verzichtet werden, aber die Projektgruppe selbst bewegt sich nicht außerhalb der hierarchisch angeordneten Kommunikationswege einer Organisation. Auch in den Fällen, in denen eine Projektgruppe direkt an einen Vorstandsvorsitzenden oder eine Präsidentin berichtet, ist sie ja in die Hierarchie der Organisation eingebunden – nämlich durch eine direkte Unterstellung unter die oberste Spitzenposition in der Organisation. Dementsprechend ist die Vorstellung, dass die Durchführung von Projekten Ausdruck einer Krise ist oder gar das Ende der Hierarchie in Organisationen bedeutet, naiv. Schließlich gibt es kaum ein besseres Instrument zur Regulierung nichthierarchischer Koordinationsformen als die Hierarchie (siehe dazu Kühl 2015c, S. 125 ff.).

Je nach der Prominenz von Projekten können sich dabei ganz unterschiedliche Formen von Organisationen bilden. Manchmal wird eine Organisation nur gegründet, um ein Großprojekt durchzuführen. Man denke bei diesen *Projektorganisationen* an Organisationen, die für ein Bauprojekt wie die Stockholm Globe Arena, die Elbphilharmonie in Hamburg oder das Terminal 5 am Flughafen London Heathrow gegründet wurden, an die Projektorganisationen, die aufgestellt werden, um Olympische Spiele einzuwerben oder Weltmeisterschaften durchzuführen, oder an Organisationen zur Durchführung komplexer Entwicklungsprojekte wie die Einführung eines Mautsystems in einem Land.

In anderen Fällen besteht die Kerntätigkeit einer Organisation in der Durchführung einer Vielzahl von Projekten. Wenn man solche *projektbasierten Organisationen* wie Beratungsunternehmen, Ingenieursfirmen oder Werbeagenturen betrachtet, dann werden in ihren Organigrammen zwar auch Unterstützungsfunktionen wie beispielsweise eine Personalabteilung ausgewiesen, aber ihre Kerntätigkeit wird in der Durchführung von Projekten gesehen (siehe dazu Hobday 2000). Zur Bezeichnung dieser Art von Organisationen haben sich unterschiedliche Begriffe durchgesetzt: »projektspezifische Einzweckunternehmung«, »Projektgesellschaft«, »Projektunternehmung« oder in der englischsprachigen Literatur »project-based organizing«, »project-based enterprise«, »project-oriented companies«.

In den meisten Fällen wird ein *Projekt als Sondersituation* in einer Organisation durchgeführt. Die Kernprozesse dieser Organisationen bestehen aus Routinetätigkeiten wie der

Herstellung von Fahrrädern, der Durchführung von Lehrver-
anstaltungen oder der Bearbeitung von Steuererklärungen,
aber für spezifische Problemlagen wie zum Beispiel die Entwicklung eines E-Bikes, die Bildung eines neuen Studiengangs
oder die Reorganisation einer Abteilung wird eine eigene
Struktur zur Durchführung dieser Projekte gebildet. In Organisationen, in denen die Durchführung von Projekten eine
Sondersituation darstellt, sind ganz unterschiedliche Formen
der Einbindung von Personal zur Umsetzung von Zweckprogrammen vorstellbar. Gerade bei größeren Projekten werden Mitglieder komplett für die Arbeit in einer Projektgruppe freigestellt oder in einigen Fällen extra dafür eingestellt. In
anderen Fällen werden Mitglieder aus unterschiedlichen Abteilungen nur zeitweise zusammengezogen, um in einer Projektgruppe an der Umsetzung des Zweckprogramms zu arbeiten. In anderen Fällen wird ganz auf die Einrichtung von
Projektgruppen verzichtet, und die Mitarbeiter werden nur
punktuell zu Workshops hinzugezogen.

Die Auswahl von Personal für Projekte

Das *Personal* ist das dritte strukturbildende Moment in Organisationen: Dahinter steht die Überlegung, dass es für künf-
tige Entscheidungen einen Unterschied macht, mit welcher
Person (oder welchem Typ von Person) eine Position besetzt
wurde (vgl. Luhmann 2000, S. 221 ff.). Auf der gleichen Stelle entscheiden Juristen häufig anders als Betriebswirte und
diese wiederum anders als Soziologen. Personen mit Ober-
schichtsozialisation entscheiden tendenziell anders als Personen aus der Unterschicht. Organisationen haben verschiedene Möglichkeiten, an der Stellschraube Personal zu drehen
(vgl. hierzu Luhmann 1971a, S. 208). Mit der Einstellung einer
bestimmten Person wird fixiert, welcher Typus von Entschei-

dungen künftig in der Organisation getroffen wird. Mit der Entlassung einer bestimmten Person kann signalisiert werden, welche Art von Entscheidungen künftig nicht mehr gewünscht ist. Gerade bei Spitzenpositionen wird diese Möglichkeit häufig genutzt, um nach außen und innen zu signalisieren, dass andere Formen von Entscheidungen zu erwarten sind. Die interne Versetzung kann nach oben – als Karriereschritt oder zur Ruhigstellung auf Frühstücksdirektorenposten –, nach unten – als Degradierung – oder auch zur Seite erfolgen. Mit Personalentwicklung wird versucht, das Verhalten einer Person so zu verändern, dass sie künftig auf der gleichen Position andere Entscheidungen trifft. Dabei wird häufig der Eindruck erweckt, dass das Personal gewissermaßen die »Software« der Organisation darstellt, die durch Trainings, Coachings und Supervisionen beliebig umprogrammiert werden kann, während die Programme, Technologien und Dienstwege die »Hardware« ausmachen. Plausibel scheint eher das Gegenteil zu sein (vgl. Kühl 2008, S. 156). Während sich Organisationspläne und Aufgabenbeschreibungen »leicht, praktisch mit einem Federstrich ändern lassen«, sind Personen kaum zu verändern (Luhmann 2000, S. 280).

Man kann beobachten, wie in und mit Projekten an dieser Stellschraube Personal gedreht wird. Über interne Projektmanagementseminare, die Finanzierung von Projektmanager-Ausbildungen für eigene Mitarbeiter oder die Hinzuziehung von Projektmanagement-Coaches wird versucht, über Personalentwicklung auf die Struktur des Projektes Einfluss zu nehmen. Es ist eine Vielzahl von Gesellschaften und Instituten entstanden, die über Ausbildungsprogramme und Zertifizierungen die Schaffung von Standards für das Projektmanagement versprechen. Viele Unternehmen bemühen diese Gesellschaften und Institute in der Hoffnung, über diese Maßnahmen der Personalentwicklung intern bestimmte Standards etablieren zu können, die zu einer höheren Berechenbarkeit des Projektablaufs führen. Inzwischen gibt es in vielen Unternehmen und Verwaltungen deswegen eigene Projektkarrieren, in denen man vom Projektmanager über den intern zertifizierten Senior Project Manager bis zum extern zertifizierten Project Director aufsteigen kann.

Projekte sind unter Personalgesichtspunkten häufig deswegen attraktiv, weil sie es ermöglichen, bewährte (oder auch nur schwer kündbare) Mitarbeiter oder Mitarbeiterinnen, für die in der Linie im Moment kein Platz ist, auf einer Projektstelle zwischenzuparken. In einigen Unternehmen oder Verwaltungen lässt sich sogar beobachten, dass für Spitzenpersonal, das von der Leitung eines Bereichs entfernt werden soll, Projekte geschaffen werden, die diese Personen so lange beschäftigt halten sollen, bis für sie eine neue Bereichsleiterstelle frei wird oder sie ausreichend »ausgekühlt« sind, dass sie sich eine neue Stelle außerhalb der Organisation suchen.

Bei größeren Projekten kommt es vor, dass Personal speziell dafür eingestellt wird, das mit dem Ende des Projektes die Organisation auch wieder verlässt. Dabei kann dieses Personal entweder über einen befristeten Arbeitsvertrag an die Organisation gebunden werden, oder es wird ein Werkvertrag für Teilaufgaben des Projektes vergeben. Häufig werden auch Teile des Projektes an externe Dienstleister »outgesourct«. Gerade bei größeren Projekten kann man beobachten, wie über die Einstellung oder Kündigung von Personen systematisch versucht wird, auf die Struktur des Projektes Einfluss zu nehmen.

1.2 Projekte und die drei Seiten der Organisation

Für ein Verständnis des Projektmanagements ist es zentral, die Verortung der Projekte nicht nur in der formalen Struktur zu identifizieren, sondern sich auch klarzumachen, wie sie sich in der informalen Struktur der Organisation verorten lassen und welche Rolle sie für die Schauseite der Organisation spielen. Erst durch das Verständnis dieser drei Seiten von Organisationen – der formalen Seite, der informalen Seite und der Schauseite – ist es möglich, die Bedeutung von Projekten in Organisationen besser einzuschätzen.

Die formale Seite der Organisation – entschiedene Entscheidungsprämissen

Die zentrale Besonderheit von Organisationen besteht darin, dass sie die Mitgliedschaft unter eine Bedingung stellen können – nämlich die, dass ihre Mitglieder die Erwartungen der Organisation akzeptieren zu müssen. Es wird spezifiziert, von wann bis wann man in den Räumlichkeiten der Organisation anwesend sein muss, was während der Anwesenheit zu tun ist, auf welche anderen Organisationsmitglieder man zu achten hat und welche man ignorieren kann. Wenn man nicht bereit ist, sich an diese Erwartungen zu halten, kann man nicht Mitglied der Organisation bleiben. Diese mitgeteilten Mitgliedschaftsbedingungen sind die Formalstruktur der Organisation. Die Formalstrukturen sind, so könnte man es auf den Punkt bringen, die »entschiedenen Entscheidungsprämissen« einer Organisation.

Die meisten Projekte werden zuallererst in der Formalstruktur der Organisation verankert. Das Ziel des Projektes – das Zweckprogramm – wird offiziell verkündet, und die Erreichung dieses Zieles ist die formale Erwartung an die

Grafik 1 Die Strukturmatrix zur Analyse von Organisationen – Projekte gehen von Zweckprogrammen in der Formalstruktur aus

Projekte führen

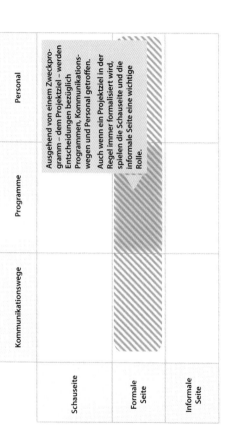

	Kommunikationswege	Programme	Personal
Schauseite			
Formale Seite		Ausgehend von einem Zweckprogramm – dem Projektziel – werden Entscheidungen bezüglich Programmen, Kommunikationswegen und Personal getroffen. Auch wenn ein Projektziel in der Regel immer formalisiert wird, spielen die Schauseite und die informale Seite eine wichtige Rolle.	
Informale Seite			

am Projekt Beteiligten. Die Einbindung des Projektes in die Kommunikationswege wird insofern formalisiert, als erwartet wird, dass sich sowohl die am Projekt Beteiligten als auch alle anderen Organisationsmitglieder wenigstens offiziell daran halten. Und auch die Zuweisung von Personal ist in der Regel insofern formalisiert, als eine Projektleiterin oder ein Projektmitarbeiter sich nicht einfach so verhalten kann, als habe sie oder er nichts mit dem Projekt zu tun.

Diese Verortung von Projekten in der Formalstruktur findet ihren Ausdruck in den offiziell verkündeten Projektarchitekturen, Projektnetzplänen und Projektmatrizen. Dafür wird ein Projekt in Projektzwischenziele (Ereignisse) und Projektschritte (Vorgänge) zerlegt, und es wird bestimmt, wie die sachlichen, zeitlichen und sozialen Beziehungen zwischen den Projektzwischenzielen und Projektschritten sind. Dadurch soll nicht nur eine detaillierte Terminplanung und -kontrolle möglich werden, sondern es sollen auch »Entscheidungsweichen« für alternative Vorgehensweisen markiert und Puffer für Unerwartetes eingeplant werden (siehe dazu Bröckling 2005, S. 377).

Die informale Seite von Organisationen – nicht entschiedene Entscheidungsprämissen

Aber in der Welt der Projekte scheint es viel aufregender zuzugehen, als die gut kommunizierbare Formalstruktur oder gar die Nichtmitgliedern gegenüber präsentierte Schauseite es vermitteln. Viele Aspekte eines Projektes werden über informale Erwartungen geregelt, ja manchmal finden ganze Projekte in der Informalität einer Organisation statt. Unter Informalität versteht man nicht das einmalige Improvisieren, um sich den Weg durch den Dschungel aus Vorschriften und Vorgaben zu bahnen, sondern eher das Netzwerk bewährter Trampelpfade, die in einer Organisation immer wieder beschritten werden. Es handelt sich um all diejenigen Erwartungen in einer Organisation, die *nicht* mit Bezug auf die Mitgliedschaftsbedingungen formuliert werden (oder werden können). Ihnen ist gemein, dass darüber *nicht* entschieden wurde und sie trotzdem innerhalb der Organisation als Erwartungen bestehen. Auch bei informalen Strukturen handelt es sich also um »*Entscheidungsprämissen*«, um Voraussetzungen, die für eine Vielzahl von Entscheidungen in der Organisation gelten.

Die nicht entschiedenen Entscheidungsprämissen – oder anders ausgedrückt: die informalen Erwartungen – erschließen sich häufig erst im Verlaufe eines Projektes, wenn beispielsweise deutlich wird, dass es versteckte, nicht offen kommunizierte Ziele des Projektes gibt oder jenseits der offiziellen Projektarchitektur wichtige Player in der Organisation auf dem Laufenden gehalten werden sollen. Diese informalen Erwartungen finden sich in der Regel nicht in den offiziellen Meilensteinkonzepten, Netzwerkplänen und häufig auch nicht in den Stakeholder-Analysen wieder.

Es spricht jedoch vieles dafür, dass Projekte überhaupt nur funktionieren können, weil sich um sie herum ganz eigene informelle Erwartungen ausbilden. Diese informellen Erwartungen haben wenig mit der in der Managementliteratur verklärten Ausbildung einer eigenen Projektkultur zu tun, geht es bei ihnen doch häufig nicht um den auf PowerPoint-Folien gepriesenen kooperativen Umgang im Projekt, sondern eher um die Frage, welche informalen, manchmal auch illegalen Wege begangen werden können, um die Frage, wie viel Schönfärbung bei der Beschreibung der Projektfortschritte erlaubt ist und wie am Ende die Zurechnung von Erfolg und besonders von Misserfolg ablaufen soll.

Die Schauseite der Organisation

Eine wichtige Rolle beim Projektmanagement spielt die Schauseite der Organisation. Dabei geht es um das »Aufhübschen« des Projektes durch gefilterte Reportings, verschachtelte Organigramme, übersichtlich dargestellte Prozessabläufe oder geglättete Aussagen (siehe Neuberger 1994). Es wird dadurch eine für die organisationsexterne, aber auch für die organisationsinterne Außenwelt geeignete »zweite Realität« geschaffen, die mit den Abläufen in der jeweiligen Organisation nur sehr begrenzt etwas zu tun hat. Solche Projektfassaden sind nicht einfach vorhanden, sondern müssen auf- und ausgebaut, regelmäßig gepflegt und bei Bedarf ausgebessert werden (vgl. hierzu Luhmann 1964, S. 113).

Die Reorganisation der Reorganisation bei einem Kommunikationsdienstleister

Ein mittelständischer Kommunikationsdienstleister hat die über mehrere Standorte verteilten operativen Bereiche einer gründlichen Restrukturierung unterzogen: Künftig sollten nicht mehr die Standorte die strukturgebende Einheit sein, sondern die standortübergreifenden Großprojekte sollten nun die Organisationseinheiten strukturieren. Alle Mitarbeitenden eines Projektes, das über mehrere Standorte geführt wurde, wurden einem Account Manager unterstellt, der sowohl die fachliche als auch die disziplinarische Führung der Mitarbeitenden übernahm. Die Account Manager (meistens ehemalige Standortleiter) führten nun die Teams von ca. 200 Mitarbeitenden, die gemäß ihrer Projektzugehörigkeit neu zugeordnet wurden. Dies geschah unabhängig davon, ob diese in Hamburg, München oder Zürich stationiert waren. Eine groß angelegte Kampagne der internen Kommunikationsabteilung verkündete die zentralen Pfeiler der »zukunftssichernden Neuorga« mit Broschüren und mehreren Großveranstaltungen.

Als die neue Organisationsstruktur auch nach sechs Monaten noch nicht richtig ›gelebt‹ wurde, befand man, die Organisation sei noch nicht so weit, sich von der ›Standortdenke‹ zu lösen. Ein Change-Management-Projekt mit dem Titel »Neuorga stabilisieren« sollte die Veränderung durchsetzen und die Umsetzung der neuen Prozesse begleiten. Ein Team aus Unternehmensleitung, Betriebsräten, Personalabteilung und operativen Managern bildete das Lenkungsgremium des von Beraterinnen geführten Change-Projektes. Um herauszufinden, woran es haperte, wurde auf die Beteiligung von Mitarbeitenden gesetzt.

In der ersten Projektphase stellte sich heraus, dass zentrale Prozesse durch den neuen Organisationszuschnitt nur noch unzureichend gestützt wurden. Schnell wurde klar, dass neben der Projektzuordnung auch weiterhin eine Standortstruktur bestehen muss, um kurzfristig auf Kundenwünsche reagieren zu können. Im Lenkungsgremium war diese Erkenntnis nur bedingt populär, hatten Unternehmensleitung und Betriebsräte doch gemeinschaftlich für die Neuorga geworben und sie Seite an Seite gegenüber der Belegschaft vertreten. Da man keine schlechten Ergebnisse riskieren wollte, änderte das Change-Management-Projekt im Verlauf der Zeit seinen Zweck: Es ging immer weniger um die konsequente Umsetzung der Neuorga, sondern vielmehr um die Reorganisation der Reorganisation. Um nun sowohl den kritischen Stimmen als auch der Schauseite der Unternehmensleitung gerecht zu werden, änderte man in der zweiten Projektphase den Projekttitel in »Neuorga nachjustieren«.

Es gibt Organisationen, in denen Projekte manchmal fast ausschließlich für die Schauseite durchgeführt werden. Ein Projekt wird aufgesetzt, um nach außen zu signalisieren, dass man ein Qualitätsproblem angeht, die Korruption in den Griff bekommt oder es mit dem Gender Mainstreaming ernst nimmt. Sicherlich – solche primär für die Schauseite der Organisation gedachten Projekte müssen auch teilweise in der Formalstruktur verankert sein, um glaubwürdig zu wirken. Weil aber die Ausrichtung solcher Projekte vorrangig der Außendarstellung dient, kommt es maßgeblich darauf an, dass sie auf der Schauseite der Organisation besonders herausgestellt werden.

2 Der Charme und die Grenzen eines zweckrationalen Zugangs zum Projektmanagement

In kaum einem Feld des Managements scheint auf den ersten Blick eine so große Einigkeit hinsichtlich der »richtigen Vorgehensweise« zu herrschen wie bei der Durchführung von Projekten. Manager, Organisationsentwickler, IT-Berater und Expertenberater stimmen weitgehend überein, wie ein Projekt nach »allen Regeln der Kunst« abgewickelt werden sollte. Voraussetzung für ein erfolgreiches Projekt ist, so die Annahme, eine genaue Bestimmung der Ziele. Im »Pflichtenheft« für das Projekt sollen die Ziele so konkret beschrieben werden, dass man sich die angestrebte Zukunft plastisch vorstellen kann und die Aufgaben und Tätigkeiten, die zur Zielerreichung nötig sind, aufgelistet werden können (vgl. z. B. Steinbuch 1998, S. 28 ff.). Das klassische Projektmanagement sieht ferner vor, dass quantitative und qualitative Kriterien festgelegt werden, mit denen der Erfolg (oder Misserfolg) eines Projektes genau festgestellt werden kann.

Das Projekt solle, so der überwiegende Tenor in der Managementliteratur der großen Projektmanagementgesellschaften, in typischen, klar unterscheidbaren Phasen und Schritten ablaufen. Zu Beginn müssen Projektpläne erstellt werden, in denen Zeitpunkte für Auftaktveranstaltungen, Analyse und Diagnose, Datenfeedback, Projektkonzeption, Präsentationen,

Umsetzung und Projektabschluss festgelegt werden. Bei aller Bedeutung von flexiblen Anpassungen wird als zentral angesehen, dass mit den Umsetzungen erst dann begonnen wird, wenn die Problemdiagnose abgeschlossen ist (siehe nur beispielhaft Project Management Institute 2000, S. 65 ff., oder Gesellschaft für Projektmanagement 2005, S. 163 ff.).

Als organisatorisches Mittel der Wahl gilt im Projektmanagement die Einrichtung von Projektteams. Auf der Basis der Projektziele und -zwischenziele soll festgelegt werden, welcher Personalbedarf besteht. Zur Umsetzung des Projektes werden dann verantwortliche Personen benannt und in Projektteams zusammengefasst. Bei komplexeren Aufgabenstellungen sollen diese Projekte durch Lenkungsausschüsse koordiniert und gesteuert werden.

Positionierungsauseinandersetzungen, Interessenkonflikte und Machtkämpfe in Projekten werden in der klassischen Projektmanagementliteratur als Störungen angesehen. Es wird zwar zugestanden, dass Konflikte Indikatoren für notwendige Veränderungen sein können, Chancen aufdecken, blockierende Situationen bereinigen, das Teamgefühl fördern oder Unklarheiten beseitigen können (vgl. Gesellschaft für Projektmanagement 2005, S. 422), aber letztlich wird davon ausgegangen, dass diese Konflikte sich reduzieren lassen, wenn sich alle Beteiligten über die Ziele und die Vorgehensweise einig sind (vgl. hierzu Project Management Institute 2000, S. 51 ff.). Es gehe – so die Vorstellung – darum, die Konflikte so zu moderieren, dass alle an einem Strang zögen.

In der Zwischenzeit hat sich eine eigene »Projektmanagementindustrie« ausgebildet, die diese Prinzipien des Projektmanagements verbreitet (siehe dazu Hodgson und Cicmil 2006). Es existieren eigene Institute und Gesellschaften, die jedes Jahr Zehntausende von Projektmanagern auf der Basis dieser Grundsätze schulen. Die Prinzipien des Projektma-

nagements sind inzwischen so weit kanonisiert, dass Projektmanager für standardisierte Prüfungen des Project Management Institute oder der International Project Management
Association dieses Wissen auswendig lernen und bei Bestehen der Prüfungen eine Auszeichnung als zertifizierter Projektmanager erhalten können.

Der Effekt ist, dass die Projektarbeit sich verändert hat –
weg von einer »bunten Formvielfalt« von Projekten, in denen
selbst innerhalb eines Unternehmens oder einer Verwaltung
die Vorgehensweise stark variierte, hin zu einer stark standardisierten Vorgehensweise im Projektmanagement (Kalkowski
und Mickler 2009, S. 83). Projektmanager werden jetzt nicht
mehr nur auf informellem Weg ausgewählt, sondern inzwischen müssen gerade in Großorganisationen Personen in
Schlüsselpositionen eine entsprechende Ausbildung im Projektmanagement vorweisen können.

2.1 Das zweckrationale Modell
   des Projektmanagements

Hinter dieser Vorstellung von Projektmanagement steckt ein
»zweckrationales Modell« von Organisationen (Weber 1976,
S. 12 f.), eine »rationalistische Sichtweise des Managements
von Veränderung« (Faust et al. 1994, S. 76 f.), eine »mecha-
nistische Vorstellung von Organisationen« (Burns und Stalker
1961, S. 7 ff.). Bei dieser zweckrationalen Sichtweise wird immer von einem »Urzweck« ausgegangen, der letztlich als der
Grund für die Existenz der Organisation angesehen wird.
Dieser Urzweck könne dann, so das zweckrational verengte
Organisationsverständnis, in eine Vielzahl von Unterzwecken
zerlegt werden. In Organisationen können – so die Vorstellung – komplexe Zweck-Mittel-Ketten gebildet werden, in denen jeder Zweck nur ein Mittel ist, um einen weiter entfernt

liegenden Zweck zu erreichen, der seinerseits lediglich ein
Glied in einer Kette weiterer Zwecke ist.

In diesem simplen Organisationsverständnis kann jetzt jeder Zweck, jeder Unterzweck und jeder Unter-Unterzweck
mit einer Position in der Hierarchie korreliert werden. Die
Zweck-Mittel-Struktur wird letztlich mit dem hierarchischen
Aufbau parallel geschaltet (vgl. Weber 1976, S. 125). Die Führung definiert, auf welche Weise die Organisation ihre Zwecke
erreichen will. Die Handlungen, die als Mittel zur Erreichung
des Zweckes erforderlich sind, werden »dann den Untergebe-
nen als Aufgabe zugewiesen«. Diese »delegieren dann ihrer-
seits Unteraufgaben an Unterinstanzen«, bis der »Boden der
Hierarchie«, die unmittelbare Ausführungsebene, erreicht ist
(Luhmann 1971b, S. 96 f.). Letztlich spiegelt die hierarchische
Stellenordnung dann nur die »Ordnung von Zwecken und
Mitteln« einer Organisation wider (Luhmann 1973, S. 73).

Wenn jede Position in der Hierarchie für ein bestimmtes
Aufgabenspektrum zuständig sei, dann müsse, so dieses relativ einfache Organisationsverständnis, die jeweilige Position
nur noch mit einer geeigneten Person besetzt werden. »Wäh-
le die am besten geeignete Person aus, die einen Job ausführen
kann«, dies war schon zu Beginn des zwanzigsten Jahrhunderts das Mantra des US-amerikanischen Rationalisierungs-
experten Frederick Taylor (1979, S. 44). Max Weber (1976,
S. 126) formuliert fast zeitgleich denselben Gedanken, wenn
er feststellt, dass jede Aufgabe in einer Organisation immer
durch einen »nachweislich erfolgreich Fachgeschulten« erle-
digt werden müsse, um den Ansprüchen an eine rationale Organisation gerecht zu werden.

2.2 Die Funktion einer zweckrationalen Darstellung von Projekten

Der Reiz dieser zweckrationalen Sichtweise von Projekten ist offensichtlich. Auch wenn sich, nicht zuletzt veranlasst durch die aktuelle organisationswissenschaftliche Forschung, inzwischen auch in großen Teilen des Managements die Auffassung durchsetzt, dass sich die Organisation nicht von einem einmal definierten Oberzweck her durchorganisieren lässt, so hält sich doch vielerorts die Hoffnung, dass wenigstens für Projekte klare Ziele definiert werden können, die Mittel im Hinblick auf diese Ziele optimiert werden können und sich der Prozess zum Einsatz der Mittel im Detail vorausplanen lässt.

In der *Sachdimension* vermittelt das klassische Projektmanagement die Sicherheit, dass das Ziel des Projektes klar ist. Auf der Basis ist es dann möglich, zu Beginn eines Projektes Kostenpläne vorzustellen, die den Auftraggeber in die Lage versetzen, die Projekte in sein Budget einzuplanen. Bei allem Wissen über die Wahrscheinlichkeit der Kostenabweichung wird so in der kritischen Phase der Projektbewilligung ein Investitionsvorhaben, eine Produktentwicklung oder eine Reorganisation in den gewohnten Planungshorizont des Managements überführt.

In der *Zeitdimension* kann das klassische Projektmanagement die Sicherheit vermitteln, dass der Neubau einer Anlage oder eines Gebäudes, die Fusion zweier Organisationen oder die Einführung eines neuen Produktes zu einem definierten Zeitpunkt fertiggestellt wird. Weil in der Projektplanung alle Arbeitsschritte in Bezug auf ein präzise definiertes Datum für den Abschluss des Projektes festgelegt werden, wird überzeugend suggeriert, dass das Vorhaben zur versprochenen Zeit auch abgeschlossen ist.

In der *Sozialdimension* wird über den Projektplan der Eindruck vermittelt, dass man sich über die Ziele und Vorge-

hensweise einig ist. Es werden Stakeholderanalysen durchgeführt, in denen Personengruppen in Augenschein genommen
werden, die an einem Projekt beteiligt sind, sich für den Projektablauf interessieren könnten oder von den Auswirkun-
gen des Projektes betroffen sind. So wird der Eindruck vermittelt, dass man bei der Planung der Projekte die beteiligten
Personen mit ihren unterschiedlichen Interessen in den Blick
genommen hat. Auch wenn über grafisch dargestellte Stakeholderanalysen, quantitatives und qualitatives Abfragen von
Stakeholdererwartungen und tabellarische Betroffenheitsana-
lysen unterschiedliche Interessen herausgearbeitet werden,
wird doch suggeriert, dass das Projekt auf einem Kompromiss
zwischen den verschiedenen Beteiligten aufgebaut ist.

Man darf die Bedeutung dieser Suggestionen in Organisationen nicht unterschätzen. Organisationen scheinen darauf
angewiesen zu sein, solche »Sicherheitssurrogate« zu bekommen. Welche Politiker würden ein Bauvorhaben genehmigen,
von dem sie nicht zu wissen meinen, wie es aussieht und was
es kostet? Welche Unternehmensleitung würde ein Budget
für Forschungen freigeben, ohne eine Vorstellung davon zu
haben, was man Ende herauskommt? Und welche Entwicklungshilfeorganisation würde Projektmittel freigeben, wenn
sie sich nicht selbst davon überzeugen würde, dass dieses Projekt zu einem bestimmten Zeitpunkt messbare Effekte hat?
Mit der Realität bei Projektabschluss mögen diese Einschät-
zungen wenig zu tun haben, aber zu Beginn des Projektes
scheinen solche Selbstsuggestionen wichtig zu sein, um ein
Vorhaben überhaupt angehen zu können.

2.3 Die Grenzen eines zweckrationalen Projektmanagements

Die Versprechungen des am Modell der zweckrationalen Organisation orientierten Projektmanagements lesen sich wie der Wunschzettel eines Managers: »kürzere Projektlaufzeiten dank optimierter Terminplanung«, »Früherkennung von Gefahren und Risiken«, »Verringerung von Kosten und Aufwänden dank optimierter Planung«, »Vermeidung von Doppelarbeit dank systematischer Strukturierung«, »optimale Transparenz über Ist- und Restkosten«, »laufende Kostenüberwachung durch Projekt-Controlling-Kennzahlen«, »optimale Auslastung der vorhandenen Kapazitäten«, »optimierte Teamqualifikation durch Skill-Management«, »Fehlervermeidung durch systematische Projekt-Dokumentation«, »Standardisierungsvorteile dank einheitlicher Methodik«, »Vermeidung von Konfliktpotentialen und Reibungsverlusten«, »schnellere Erfüllung von Kundenanforderungen«, »systematische Evaluierung innovativer Vorschläge« und »schnellere Umsetzung von Innovationen in konkrete Ergebnisse« (siehe nur als ein Beispiel unter vielen Campana 2005, S. 6 ff.).

Das klassische Projektmanagement verliert jedoch zusehends an Glanz (siehe dazu z. B. Packendorff 1995; Maylor 2001 oder Cicmil et al. 2006): Die Liste von gescheiterten oder verzögerten Großprojekten ist kaum noch zu übersehen, wie die Probleme bei den Großraumflugzeugen A380 von Airbus und dem 787 Dreamliner von Boeing, die Schwierigkeiten beim Bau der Stockholm Globe Arena, die Probleme bei der Fertigstellung der Elbphilharmonie in Hamburg oder die Probleme beim Bau des Terminals 5 in London Heathrow oder des Berliner Großflughafens zeigen (siehe Flyvbjerg et al. 2003). Bei einem genauen Blick auf diese Projekte stellt man fest, dass sie nicht vorrangig wegen Mängeln in der Anwendung des klassischen Projektmanagements gescheitert sind, sondern gerade deswegen, weil klassisches Projektmanagement angewandt wurde.

Bereits in den 1990er Jahren durchgeführte Untersuchungen zu Business-Process-Reengineering-Projekten kamen zu der Einschätzung, dass weit über die Hälfte dieser Projekte scheiterten (vgl. Theuvsen 1996, S. 73). Internen Studien einer großen Unternehmensberatungsfirma zufolge scheitern zwei Drittel ihrer Vorschläge in der Umsetzungsphase (vgl. Groth 1999, S. 52). Bei Untersuchungen über Software-Projekte wurde festgestellt, dass sie häufig ihren Kostenrahmen um das Doppelte überschreiten, die Projektdauer in der Regel fast doppelt so lang ist wie geplant und dass die meisten Projekte im Laufe ihrer Geschichte einen Neustart erleben (vgl. früh schon Lehmann 1979, S. 115 ff.).

Sicherlich – diese Studien über das Scheitern von Projekten werden immer auch lanciert, um neue Ansätze des Projektmanagements zu verkaufen, um sich als »Projekt-Feuerwehr« bei scheiternden Maßnahmen anzubieten oder für eine bessere Ausbildung von Projektmanagern zu werben (siehe dazu Kühl 2011b). Aber angesichts der heftigen Kritik, die bis hin zur Forderung nach der Abschaffung von Projekten reicht (vgl. Fröhlich 2002, S. 8 ff.), ist kaum noch zu übersehen, dass das klassische Projektmanagement in einer Krise steckt (vgl. früh schon Krüger und Bauermann 1986, S. 7). Im Verlauf vieler Projekte scheinen sich die hehren Ideale des Projektmanagements abzunutzen. Je länger ein Projekt läuft, desto mehr Widersprüchlichkeiten brechen auf. Je stärker ein Projektteam auf die Zielvorstellungen eines Projektes fokussiert wird, desto deutlicher werden die Brüche in der Zielvorstellung.

Für dieses Bröckeln der Standards findet sich in der Literatur eine Vielzahl von Erklärungen: mangelnde Qualifikation der Projektbeteiligten, widerständige, durch tayloristische Arbeitsstrukturen geprägte Mitarbeiter, die fehlende Einsichtigkeit der mittleren Linien-Manager in die Notwendigkeit des

Projektes, mangelnde Kooperation zwischen Organisations-, Weiterbildungs- und IT-Abteilungen oder die Unfähigkeit der Berater. Es wird eine Diskrepanz zwischen den logischen, rationalen und schlüssigen Projektmanagementstandards und dem irrationalen, emotionalen Verhalten der Mitarbeiter aufgebaut (vgl. Kraus und Westermann 1997, S. 195 ff.).

Die Probleme des Projektes werden den beteiligten Personen angelastet: »Wenn das Top-Management mehr formale Kompetenz an den Projektleiter übertragen hätte …«, »Wenn das Projektteam besser zusammengesetzt worden wäre …«, »Wenn die Beteiligten sich intensiver miteinander ausgetauscht hätten …« oder »Wenn der Berater diesen Aspekt nicht übersehen hätte …« (siehe für eine solche mit vielen richtig gerechneten Zahlen daherkommende Aufzählung Lechler und Gemünden 1998, S. 443 ff.; siehe ohne Zahlen Clarke 1999, S. 139 ff.). Diese Personalisierung von Problemen ermöglicht es, die Standards des klassischen Projektmanagements auch angesichts negativer Erfahrungen in der alltäglichen Praxis aufrechtzuerhalten: Der Plan war gut, bloß leider waren die Menschen noch nicht weit genug (siehe Kühl 2015a, S. 94 ff.). Aber diese Herangehensweise kann auf Dauer nicht befriedigen.

Das klassische, auf einem chronologischen Zyklus von Problembestimmung, Ursachenanalyse, Lösungsgenerierung und Maßnahmenbestimmung basierende Projektmanagement ist für den Typ der »gut definierten Probleme« passend. Wenn ein Problem im Detail beschrieben werden kann, die beteiligten Akteure über die Problemdefinition sehr weitgehend übereinstimmen und alle notwendigen Informationen über das Problem verfügbar sind, können die Instrumente des klassischen Projektmanagements greifen. Wenn ein neuer Wasseranschluss gelegt werden soll, ist das Problem klar umrissen (der Haushalt will einen Wasseranschluss haben), sind die Kosten definierbar (die durchschnittlichen Kosten für die Verlegung eines Rohres x Anzahl der Meter) und der Arbeitsablauf ist für alle Beteiligten klar (entsprechend der Arbeitsrichtlinien der Wasserwerke).

Das klassische Projektmanagement stößt jedoch bei Projekten, bei denen die Probleme nicht gut definierbar sind, an Grenzen, beispielsweise bei Aufgaben, die »sehr stark durch den Faktor ›Mensch‹ beeinflusst werden« und bei denen zu »Beginn des Projektes noch gar nicht klar ist, in welche Richtung es gehen soll« (vgl. Kraus und Westermann 1997, S. 187 f.). Bei Reorganisationsprojekten scheitern die klassischen Projektmanagement-Tools, weil die Findungsphase nie eindeutig abgeschlossen ist, die Aufgaben meistens kein eindeutiges Ende haben und notwendige Ressourcen nur ungefähr abzuschätzen sind (vgl. Kalkowski und Mickler 2002, S. 123).

Es gibt zwar Projekte, in denen die Ziele sowie die Methoden klar definiert sind (z. B. viele Engineering Projects), vielfach hat man es aber mit Problemen zu tun, bei denen die Ziele relativ klar, aber die Methoden nicht gut definierbar sind (z. B. viele Produktentwicklungsprojekte), oder bei denen umgekehrt die Methoden einigermaßen klar sind, aber die Ziele nicht stimmen (z. B. viele IT-Projekte). Das klassische Projektmanagement stößt an Grenzen, wenn – wie im Fall von Organisationsentwicklungsprojekten oder auch Forschungsprojekten – weder die Ziele noch die Methoden einigermaßen klar definiert sind.

3 Projektmanagement jenseits einer zweck- rationalen Verengung

Inzwischen wird in der Organisationsforschung bezweifelt, dass Projekte – wie sie in den klassischen Projektmanagement-Handbüchern beschrieben werden – überhaupt je in der Realität von Organisationen so stattgefunden haben (siehe dazu Besio 2009, S. 31). Es wird vermutet, dass es sich bei den Beschreibungen von Projekten in den Management-Handbüchern lediglich um Material für die Schauseite von Organisationen handelt, mit dem die Suggestion von Planbarkeit, Berechenbarkeit und Beherrschbarkeit aufrechterhalten werden kann.

Anstatt an dieser idealistischen Vorstellung von einem zweckrationalen Vorgehen im Projektmanagement festzuhalten, geht es im Folgenden darum, in Anschluss an aktuelle Diskussionen sowohl in der wissenschaftlichen Organisationsforschung als auch besonders im Management von IT-Projekten zu zeigen, wie eine alternative Vorgehensweise im Projektmanagement aussehen kann. Schließlich muss man auch in Projekten, die an schlecht definierten Problemen ansetzen, zu einer schlüssigen Vorgehensweise kommen. Man muss sich zu Lösungen durchringen, obwohl man nicht ausreichend Informationen zur Verfügung oder nicht genügend Zeit zur Informationsverarbeitung hat. Man muss vor-

anschreiten, obwohl die Präferenzen in einer Organisation
unklar sind, obwohl nur vage Vorstellungen über die Technologien herrschen, die man anwenden könnte oder sollte, und
obwohl der beteiligte Teilnehmerkreis immer wieder wechselt (siehe dazu Cohen et al. 1990, S. 330 f.). Kurz: Man muss
handeln, obwohl man nicht zweckrational im klassischen Sinne handeln kann.

3.1 Jenseits von klar definierten Projektzielen: kontingente Prozessführung

In Projekten wird mit fast schon monotoner Regelmäßigkeit
festgestellt, dass es immer wieder zu Planabweichungen in
Form von Zeit-, Budget- oder Personalkapazitätsüberschrei-
tungen kommt (die Unterschreitung wird interessanterweise
in der Regel nicht als Problem angesehen). Die naheliegende
Reaktion der Auftraggeber des Projektes, der Projektleiter
oder der Projektcontroller ist es, auf Einhaltung des festgelegten Rahmens zu bestehen und von den Projektmitarbei-
tern eine größere Zeit-, Budget- und Kapazitätsdisziplin ein-
zufordern.

In Projekten kann die Zeit-, Budget- und Kapazitätsüber-
schreitung als Anlass für eine »Nachbesserung« der Ziele dienen. Das Projektteam stellt fest, dass man die 25 % Kosten-
überschreitung oder den mehrmonatigen Zeitverzug bei der
Erreichung eines Meilensteins auch nicht durch ein besseres
Projektmanagement oder eine größere Disziplin in den Griff
bekommen kann, und regt deswegen eine Reformulierung der
Ziele an. Die Qualitätserwartungen an ein zu entwickelndes
Software-Programm werden heruntergeschraubt, der Leis-
tungskatalog für eine Produktentwicklung reduziert oder die
Ansprüche an die Effekte eines Organisationsentwicklungs-
projektes angepasst.

Je undurchsichtiger das Problem ist, mit dem sich ein Projekt auseinandersetzt, desto häufiger muss in einem logisch-linearen Planungsprozess zurückgesprungen werden, um die Zielerreichung zu modifizieren. Im Projektablauf entstehen sogenannte »Echternacher Springprozessionen«, in denen es zwei Schritte vorwärts geht und einen zurück. Der Projektverlauf hat keine stetige Fortentwicklung, in der ein Entwicklungsstand eine feste verbindliche Basis für den nächsten Schritt darstellt. Vielmehr bildet sich ein Rückkopplungskreis aus, in dem immer wieder zurückgesprungen werden kann, um Planungen zu revidieren (vgl. Ortmann 1993, S. 2; Schwarze 1994, S. 28). Durch diese Rücksprünge kann sich das Projekt zwar immer mehr der Realisierung annähern, aber die Planungssystematik verliert an Linearität. Die Komplexität nimmt sehr stark zu.

Der Ansatz eines Projektmanagements für schlecht definierte Probleme macht letztlich nichts anderes, als diese Rücksprünge in die Planungsphilosophie zu integrieren. Die Idee eines solchen Projektmanagements ist es, den Projektprozess kontingent zu halten. Was bedeutet kontingent? Kontingenz bezeichnet die Offenheit einer Situation: »Es geht so, aber auch anders, allerdings nicht beliebig.« Eine Haltung des »anything goes« wäre also eine Entartung des kontingenten Prozesses insofern, als immer nur die Lösung verfolgt würde, die im Moment – für bestimmte Akteure – als günstig betrachtet wird. Der Grundgedanke der Kontingenz ist, dass es bei schlecht definierten Problemen keinen »one best way« gibt, sondern dass verschiedene Wege existieren, um voranzukommen. Welche eingeschlagen werden, hängt von der Situation, den Entwicklungen der Organisation, den Machtkonstellationen oder den zufälligen Veränderungen in der Umwelt ab.

Dieser Gedanke greift Überlegungen aus der modernen Organisationsforschung auf. Die vom Management häufig favorisierte Vorgehensweise, für ein Problem eine beste Lö-

sung zu suchen, kommt in der organisatorischen Praxis viel
seltener vor, als man gemeinhin annimmt (siehe dazu Kühl
2015b). Eine Gruppe um den Organisationssoziologen James
March hat festgestellt, dass in Entscheidungsprozessen häufig die Situation auftritt, dass in der Organisation Lösungen
»herumschwirren«, an die sich dann Probleme anlagern (vgl.
Cohen et al. 1990). Man hat in der Organisation teure Maschinen stehen und überlegt, für welche Produktionsschrit-
te man sie einsetzen kann. Man hat eine kompetente Mitar-
beiterin, die durch ihre ursprüngliche Aufgabe nicht mehr
ausgelastet wird. An sie lagern sich neue Aufgabenfelder an.
Es schwirren die gerade aktuellen Vorstellungen von »gutem
Management« durch die Organisation. Für die Vorstellungen
von Lean Management, Business Process Reengineering oder
Kaizen werden dann Probleme gesucht, die damit bearbeitet
werden können.

Aus der Sicht der klassischen zweckrationalen Organisa-
tionslehre verstößt eine solche Vorgehensweise gegen alle professionellen Standards des Projektmanagements. Das »Durch-
wursteln« bei Projekten wird als »management by muddling
through« diskriminiert (Gesellschaft für Projektmanagement
2005, S. 29), und dabei wird übersehen, dass das Konzept des
»Durchwurstelns« von Charles E. Lindblom gerade als Reaktion auf die überzogenen Planungsphantasien in Verwaltungen und Unternehmen nach dem Zweiten Weltkrieg entwickelt wurde (siehe dazu Lindblom 1959, S. 80). Der Clou des
Konzeptes des »Durchwurstelns« – oder verbal eleganter ausgedrückt: des »Inkrementalismus« – besteht gerade darin,
eine Managementmethode zu finden, die an die Realität der
Organisation besser angepasst ist als die Planungsphantasien
des klassischen Managements (siehe Lindblom 1979, S. 517 ff.).

Projektvergabe bei einer großen internationalen Entwicklungshilfeorganisation

Man erkennt dieses Prinzip nicht selten auch bei der Zuweisung von Projektaufträgen. Von einer großen internationalen Entwicklungshilfeorganisation wird berichtet, dass externe Berater viel Zeit auf den Gängen zubrächten, weil dies die Chancen erhöhe, einfach anwesend zu sein, wenn sich Probleme und Lösungen miteinander verknüpften und noch ein Akteur gesucht werde, der das Projekt stemme.»80 Prozent des Lebens«, so ein bekannter Ausspruch Woody Allens,»besteht darin, einfach da zu sein«.

Aber auch wenn man es in der Entwicklungshilfeorganisation offiziell häufig mit einer zukünftigen Verknüpfung von Problemen mit mehr oder minder zufällig vorhandenen Akteuren und Lösungen zu tun hat, muss offiziell so getan werden, als seien die – bildlich gesprochen –»auf den Gängen« rekrutierten Berater durch ein rigides Ausschreibungsverfahren ausgewählt worden. Schließlich verlangen die formalen Richtlinien dieser Entwicklungshilfeorganisation, dass Aufträge über 30 000 Dollar immer ausgeschrieben werden müssen.

Aber die Professionalität der Projektmanager der Organisation äußert sich hauptsächlich darin, die Ausschreibungen so zu gestalten, dass die informell bereits vorselektierten Berater den Zuschlag bekommen. Selbstverständlich wird diese Praxis auf der Schauseite der Organisation bestritten, weil sie ja den eigenen formalen Richtlinien zuwiderläuft. Gleichzeitig zeichnen sich gerade die erfahrenen Projektmanager dadurch aus, dass sie wissen, wie sie die Richtlinien so auslegen können, dass eine informal vorselektierte Lösung formalisiert wird.

Wenn man diese Auffassung ernst nimmt, dann hat dies für
das Projektmanagement eine weitreichende Konsequenz:
Projektziele werden nicht mehr ein für alle Mal festgelegt,
sondern etwas weicher formuliert, um der Projektarbeit einen Anfang zu geben – ob am Ende aber diese Ziele oder ganz
andere erreicht werden, ist eine zweitrangige Frage. Unzurei-
chende Klarheit des Projektauftrages wird bei schlecht definierten Problemen nicht mehr – wie im klassischen Projektmanagement – als Pathologie begriffen (vgl. z. B. Winkelhofer
2001, S. 735), sondern als unvermeidbarer Aspekt jedes Projektes.

Was bedeutet dies konkret? Um den Prozess möglichst
kontingent zu halten, gibt es zwischen dem Projektmanager
und dem »Auftraggeber« nur eine grobe Absprache bezüglich des Projektverlaufs. Es geht also gerade nicht darum, eine
möglichst verbindliche Zielformulierung für das Projekt her-
auszuarbeiten, sondern lediglich darum, einen Rahmen ab-
zustecken.

Das bedeutet, dass Lösungsansätze, die schon in der Organisation vorhanden sind, in das Projekt eingebaut werden
können, wenn es die Projektdynamik ergibt. Elemente aus der
Software-Ruine eines früheren Projektes können für das anders ausgerichtete Projekt reaktiviert werden. Bausteine eines
Produktentwicklungsprozesses eines anderen Kunden werden
recycelt. Oder die Strategieüberlegungen, die vor drei, vier
Jahren bei einer Reorganisation verworfen wurden, aber noch
in den Köpfen der Beteiligten sind, können sich als »Halbfer-
tiglösung« für ein neues Problem anbieten.

Diese Vorgehensweise eines Projektmanagers ähnelt der
eines »bricoleurs«, eines Bastlers. Der Projektmanager geht
wie ein Bastler vor, der mit in der Organisation bereits vorhandenen Lösungssplittern hantiert. Der Vorwurf gegenüber
Beratern, dass sie nur das wiedergäben, was sie ohnehin im
Unternehmen vorfänden, ist aus dieser Perspektive kein Ar-

gument gegen Berater, sondern eher Ausdruck ihrer Professionalität.

Die folgenreichen Konsequenzen dieses Ansatzes dürfen nicht übersehen werden: Die Ressourcen an Geld, Personal und Zeit können in diesem Modell nicht mehr aus der Zielplanung des Projektes abgeleitet werden. Aber selbstverständlich müssen auch im Rahmen einer solchen Vorgehensweise die zur Verfügung stehenden Ressourcen beachtet werden.

Das Problem dieser Vorgehensweise ist, dass das Offenhalten einer Situation sich im Allgemeinen nicht mit dem Anspruch auf klare Zielsetzung verträgt, die in vielen Organisationen eine Art »Managementmantra« ist. Der Auftraggeber, der »Herr«, muss deswegen einerseits auf der Schauseite so tun, als seien die Ziele und Vorgehensweisen im Projekt klar, um darüber die nötige Legitimität zu erzeugen, und andererseits intern ein möglichst hohes Maß an Kontingenz zulassen.

3.2 Jenseits der klaren Projektphasenabfolge: Erproben, ehe es zu Ende gedacht wurde

Die Unterteilung in Projektphasen – Identifizierung von Problemen, Erarbeitung und Bewertung von Lösungsalternativen und Implementierung der ›besten‹ Lösungsalternative – wird vielerorts immer noch als Best Practice des Projektmanagements unterrichtet. Zunächst sollte in Studien eine »vorausgehende Bewertung konzeptioneller Möglichkeiten vorgenommen« werden. Auf der Basis der »Untersuchung von Machbarkeit und Tauglichkeit« müssten dann »detaillierte Lösungsentwürfe« erarbeitet werden. Nach der Vergabe des detailliert geplanten Projektes bestehe dann die Notwendigkeit, die Ausführung in der Form der »Implementierung«, »Herstellung«, »Lieferung« oder »Realisierung« sicherzustellen. Den Abschluss müsse dann die »Inbetriebnahme, Über-

gabe und Übernahme« des Projektes bilden (so nur beispielhaft Gesellschaft für Projektmanagement 2005, S. 114).

Idealtypisch findet sich diese Vorgehensweise im soge-
nannten Wasserfallmodell des Projektmanagements. Danach
soll jedes Projekt aus einer »Kaskade« sauber voneinander
abgrenzbarer Projektphasen wie »Anforderung«, »Entwurf«,
»Implementation«, »Überprüfung« und »Wartung« bestehen. Für jede dieser Projektphasen müsse es genau definierte Projektziele geben. Erst wenn die in den Pflichtenheften
genau definierten Ziele einer Projektphase erreicht und in
einer »Meilensteinsitzung« entsprechend dokumentiert worden seien, dürfe die nächste Projektphase angegangen werden
(siehe grundlegend Royce 1970; siehe auch Benington 1983).

Im zweckrationalen Organisationsmodell wurden die Vor-
teile einer solchen Vorgehensweise herausgestellt: Sie struktu-
riert »das Projekt in voneinander abgegrenzte, überschaubare
zeitliche Abschnitte« und macht »damit Komplexität be-
herrschbar«, sie schafft »in der Organisation ein gemeinsames
Verständnis von Projektmanagement und eine einheitliche
Vorgehensweise«, sie reduziert das »Risiko der Projektabwick-
lung, indem sie an den Phasenübergängen Abbruchstellen«
definiert, an denen die Verantwortlichen entscheiden können,
ob ein »Projekt weiterzuführen oder abzubrechen ist«, und
vorgegebene Zwischenergebnisse verschaffen den »projektbeteiligten Mitarbeitern Orientierung« (so Gesellschaft für Projektmanagement 2005, S. 125).

Aber gerade bei komplexen Projekten, die zur Lösung von
schlecht definierten Problemen dienen sollten, wird oft in einer späteren Phase festgestellt, dass die anfangs präferierte Lösung nicht oder nicht mehr den Interessen und Auffassungen
gewichtiger Beteiligter entspricht. In solchen Situationen werden entweder Rücksprünge im Projektverlauf nötig, oder das
Projekt wird abgebrochen, weil die vorgesehenen Ressourcen
verbraucht sind.

Der Organisationsforscher Nils Brunsson (1985) erklärt dieses Problem mit der fehlenden Motivationskraft entscheidungsrationaler Vorgehensweisen. Je mehr Alternativen einbezogen werden, desto weniger überzeugend ist die Handlungsempfehlung. »Man könnte ja auch ganz anders.« Je genauer die Folgen betrachtet werden, desto zweifelhafter ist es, dass im Sinne der Entscheidung gehandelt wird. »Bei all den Gefahren sollen wir es wirklich so machen?« Je mehr Akteure einbezogen werden, desto unwahrscheinlicher wird es, alle für eine bestimmte Handlung motivieren zu können.

Bei Projekten, die an schlecht definierten Problemen ansetzen, kann dieses Problem der Handlungsmotivation eskalieren. Da bei schlecht definierten Problemen gar keine »richtigen« Lösungen vorstellbar sind, können gegen alle Vorschläge berechtigte Einwände vorgebracht werden. Wie man an den endlos scheinenden Diskussionsschleifen in Projektteams beobachten kann, können Lösungsansätze bei schlecht definierten Problemen »zugrunde gezweifelt« werden.

Der Effekt ist, dass man sich in Unternehmen, Verwaltungen, Krankenhäusern und Universitäten offiziell um Entscheidungsrationalität bemüht, in der Realität folgt man aber anderen Maximen: Nur wenige Personen werden in die Entscheidung miteinbezogen. Vorrangig werden die positiven Folgen einer Entscheidung betrachtet. Man vergleicht nur mit wenigen, offensichtlich nicht geeigneten Alternativen. Diese Vorgehensweise, die allen Regeln des Change Managements wie Partizipation, genauer Analyse oder Abwägung möglichst vieler Alternativen widerspricht, sei, so Brunsson, am ehesten geeignet, Handlungsrationalität in einer Organisation zu erzeugen.

Welche Folgerungen lassen sich daraus für ein Projektmanagement zur Lösung schlecht definierter Probleme ziehen?

Die Maxime eines Managements von Projekten zur Lösung schlecht definierter Probleme lautet: »Erproben, ehe es zu

Ende gedacht ist« (vgl. frühe Ansätze bei Krüger und Bauermann 1986, S. 5). In Software-Projekten werden Programme lanciert, bevor sie zu Ende durchkonzipiert sind. Es ist bei komplexen IT-Projekten gar nicht möglich, alle Ideen zu Ende zu denken oder alle Komponenten erschöpfend zu prüfen. Bei der Entwicklung so sensibler Produkte wie Medikamente geht man in die Erprobung, bevor letzte Erkenntnisse über die Wirkungen und Nebenwirkungen vorliegen. In Reorganisationsprojekten werden neue Regeln ausprobiert und eingespielt, bevor deren Folgen durch Gutachten oder Managementworkshops im Einzelnen evaluiert werden.

Im Zuge der Erprobung können mehrere unvollständige und widersprüchliche Konzepte gleichzeitig angestoßen werden. Es gehört zu den Stärken der Organisation, dass sie widersprüchliche Arbeitsweisen, gegensätzliche Zielrichtungen und konfliktschaffende Vorgehensweisen verkraften kann. Diese beachtliche Fähigkeit kann sich ein Projektmanagement für schlecht definierte Probleme zunutze machen, da die verschiedenen Stoßrichtungen nur begrenzt aufeinander abgestimmt werden müssen. Durch das Ausprobieren verschiedener Stoßrichtungen kann die eine oder andere »abstürzen«, wenn sie sich als nicht tragbar erweist, oder sie kann neue Qualität hinzugewinnen, wenn die Umsetzung Erfolg versprechend ist. Während der Erprobung können aber auch neue Stoßrichtungen entstehen, die bislang nicht beachtet wurden.

Durch die Ausflaggung als »Erprobungen« werden die Experimente vom Normalbetrieb der Organisation abgeschirmt. Weil die Reformexperimente als unverbindlich dargestellt werden, können wenigstens einige Widerstände in der Organisation überwunden werden, weil der Eindruck erweckt wird, dass noch nichts festgelegt sei und alle Maßnahmen wieder zurückgenommen werden könnten (vgl. Luhmann 2000, S. 300 ff.).

Der Gedanke der Erprobung wird zurzeit unter verschiedenen Bezeichnungen popularisiert. Beim Simultaneous Engineering geht es darum, verschiedene Entwicklungsschritte, die normalerweise nacheinander vorgenommen werden würden, überlappend beginnen zu lassen. Unter dem Begriff »Prototyping« wird propagiert, ohne endgültige Festlegung auf eine Vorgehensweise in einem vom Rest der Organisation geschützten Raum möglichst schnell einen Prototyp für eine Software, ein Produkt oder eine Organisationsstruktur in die Erprobung zu bringen. Unter dem Begriff »agiles Projektmanagement« wird die Vorstellung vertreten, Produktentwicklungen in kurzen Intervallen voranzutreiben. Statt einer umfassenden Planung setzen alle diese Konzepte darauf, Projekte über die Orientierung an iterativen Zwischenergebnissen voranzutreiben.

Aber diese Vorgehensweise hat Grenzen. Mitunter ist es nicht möglich, in eine Erprobung zu gehen, weil die Versuchsanordnung mit zu großen Kosten verbunden ist. Wenn es sich beispielsweise um ein teures neues EDV-System handelt, kann man dies organisationsintern nicht als Erprobung rechtfertigen und muss stattdessen intensiv im Voraus planen, bevor man in Erprobungen geht.

3.3 Jenseits der klaren Projektevaluation: Was kann in einem kontingenten Projektverlauf als Erfolg gewertet werden?

In der Literatur wird häufig darüber geklagt, dass Projekte kein offizielles Ende hätten. Es werde »vergessen«, eine Projektabschlusssitzung durchzuführen, in der im Beisein des Auftraggebers der Abschlussbericht über das erreichte Ergebnis, die Kosten und die Projektdokumentation an die Linienorganisation übergeben und der Projektleiter und das Projektteam offiziell entlastet werden.

Das hat zur Folge, dass Projektleiter sich häufig noch Jahre, nachdem das Projekt abgeschlossen wurde, mit dessen »Nachwehen« herumschlagen. Wegen der mangelhaften Evaluation kann dann auch kein »institutionalisierter Erkenntnisgewinn« aus beendeten Projekten gezogen werden (vgl. Kraus und Westermann 1997, S. 184 f.).

Das Problem ist auch, dass häufig viel Zeit vergeht, bis man feststellen kann, ob von dem Projekt eine Wirkung ausgegangen ist: Ist es dem Reorganisationsprojekt gelungen, ein neues Organigramm durchzusetzen, Kompetenzen neu zu verteilen, oder wurde lediglich alter Wein in neuen Schläuchen angeboten? Sind die neuen Erfolge am Markt auf das neue Produkt des Produktentwicklungsteams zurückzuführen, oder hat sich lediglich die Marktlage günstig verändert? Hat das neue Software-Projekt eine hohe Akzeptanz bei den Mitarbeitern, oder stellt man erst in zwei, drei Jahren fest, dass es sich um eine Software-Ruine handelt?

Die »offizielle« Beurteilung von Projekten als Erfolg oder Misserfolg orientiert sich häufig an den Bedürfnissen des Managements. Ein Projekt für die Einführung eines IT-Vorhabens, für die Einführung von Gruppenarbeit oder zur Fusion zweier Unternehmen wird so lange als Erfolg dargestellt, wie das Topmanagement dies für die Außendarstellung des Projektes gebrauchen kann. Wechselt das Topmanagement, wird nicht selten das gleiche Projekt, das vorher als Erfolg gefeiert wurde, zu einem Misserfolg uminterpretiert, um einen erneuten Wandel in der Ausrichtung der Organisation zu signalisieren. Bei der Evaluation von Projekten spielt offensichtlich die Schauseite der Organisation eine wichtigere Rolle als die formale oder informale Seite.

Aber trotz der Ausrichtung der Projektevaluationen auf die Außendarstellung darf nicht übersehen werden, dass es ratsam sein kann, sich jenseits dieser Notwendigkeit zum »Aufhübschen« der Fassaden über den Ablauf des Projektes zu verständigen. Auch wenn man es in Projekten mit schlecht definierten Problemen zu tun hat, sind sich die am Projekt Beteiligten – jenseits der Darstellung auf der Schauseite der Organisation – häufig darüber einig, ob das Projekt etwas bewirkt hat oder nicht: Es haben sich neue Spielregeln in der Organisation entwickelt; Daten werden jetzt anders interpretiert; Dogmen und Mythen in der Organisation wurden erschüttert, sodass neues Denken und Handeln auf den Weg gebracht wurde.

Das Problem dieser »Erfolge« ist, dass sie häufig nicht (oder nur begrenzt) in der Formalstruktur der Organisation verankert sind. Nicht nur große Reorganisationsmaßnahmen gelten als Erfolg, auch neue informale Spielregeln, die die Kooperation zwischen den Abteilungen erleichtern, zählen dazu. Oder es findet sich in der Praxis der Akteure eine andere Interpretation der Daten wieder, wodurch neue Einsichten und Handlungsoptionen erwachsen sind. Dogmen und Mythen, die das Denken und Handeln der Akteure verengt hatten, mögen erschüttert worden sein. Diese Dogmen und Mythen sind nie formal verkündet worden, dementsprechend findet auch deren Erschütterung jenseits der Formalstruktur statt. In der Managementliteratur wird dies als »Organisationales Lernen« bezeichnet.

Für die Projektmitarbeiter ist es wichtig, Projekte gegen Kritik abzuschotten. Gerade weil in Projekten, die an schlecht definierten Problemen ansetzen, die Ziele fluktuieren und die Zeit-, Geld- und Personalressourcen zu Beginn kaum genau festgelegt werden können, können Kritiker in einer Evaluationsrunde ein einmal diskutiertes Ziel erneut ins Gespräch bringen und darauf verweisen, dass es nicht erreicht wurde. Weil es keine klar definierten Ressourcen gegeben hat, kann darauf verwiesen werden, dass der Nutzen im Vergleich zum eingesetzten Personal- und Geldbudget zu gering ist.

Wenn ein Projekt unter diesen Gesichtspunkten unter Druck gerät, kann es sinnvoll sein, zur Erzeugung von Legitimität Erfolgssurrogate zu schaffen: Es werden durch das Projekt erreichte Kosteneinsparungen »errechnet«. Es werden Umsatzsteigerungen auf den Erfolg eines Strategieprojektes zugerechnet und mögliche andere Erklärungen wie zum Beispiel eine Markterholung ignoriert.

Das Mythenbündnis aus Qualitätsmanagern, Beratern und Teamleitern

In der französischen Gebäudemanagementfirma Sommit gab es einen starken Druck auf den Vorstand, das bei einer Kundenbefragung monierte Qualitätsdefizit in der Leistungserbringung in den Griff zu bekommen (siehe ausführlich für diesen Fall Kühl 2015b, S. 79). Durch eine breit angelegte Kaizen-Kampagne in allen französischen Teams wollte der Vorstand des Geschäftsbereichs den Vorgesetzten in der Holding signalisieren, dass das Qualitätsproblem in Angriff genommen werde. Es wurde eine »Task-Force« aus bewährten Stabsmitarbeitern eingerichtet, die die Qualitätskampagne in den verschiedenen Teams durchführen sollte. Von der Task-Force wurde eine regelmäßige Berichterstattung gegenüber dem Vorstand verlangt. Zur Unterstützung dieser internen Mitarbeiter wurden mehrere im Bereich des Kaizen ausgewiesene Beratungsfirmen engagiert. Man hoffte, einen Wettbewerb unter den beteiligten Beratungsfirmen zu stimulieren, der zu verstärktem Engagement führen sollte.

Nach außen wurde die Kaizen-Kampagne ständig als ein – auch quantifizierbarer – Erfolg dargestellt. Bei Terminen der »Task-Force« mit dem Vorstand wurden lange Listen mit Verbesserungen präsentiert und Berechnungen vorgelegt, wonach die Einsparungen die Kosten der Kaizen-Kampagne übertrafen. Der Druck, das Qualitätsdefizit beheben zu müssen, führte dazu, dass am Ende jedes einzelnen Workshops eine »Erfolgsshow« aufgeführt wurde. Wegen der Vorgabe, quantifizierte Ergebnisse präsentieren zu müssen, wurde am letzten Tag des Workshops gemeinsam eine Evaluation der eingesparten Arbeitswege, der freigeräumten Lagerräume und der erreichten Materialeinsparungen durchgeführt.

Die festgehaltenen Zahlen waren jedoch nur lose mit den Ergebnissen des Workshops gekoppelt. Erstens wurden Einsparungen in Bereichen quantifiziert, in denen eine solche Quantifizierung aufgrund der Komplexität der Materie gar nicht vorgenommen werden konnte. Man holte in diesem Fall einfach eine Einschätzung der Teamleiter ein. Zweitens wurden Erfolge dem Workshop zugerechnet, auch wenn die Verbesserungen schon vorher vom Team selbst vorgenommen worden waren. Drittens wurden in einzelnen Fällen regelrechte Pseudo-Erfolge präsentiert. So wurde in einem Workshop versucht, eine direkte Parkmöglichkeit an einem Großobjekt zu schaffen, um die Entladezeiten für die Handwerker zu verkürzen. Obwohl allen Teilnehmern bewusst war, dass damit lediglich eine Lösung für die Zeit des Workshops geschaffen war (danach gab es wieder lange Wege an diesem Objekt), wurde bei der Erfolgsrechnung am Ende des Workshops unter dem Schmunzeln der beteiligten Handwerker die Einsparung für ein ganzes Jahr errechnet.

Wie kam es zu der übertrieben positiven Darstellung der Workshop-Ergebnisse? Es gab keine Absprache zwischen den Beteiligten, Zahlen bewusst zu schönen. Vielmehr waren die Erfolgspräsentationen der Workshops das Resultat eines aufgrund des Drucks entstandenen stillschweigenden »Mythen- und Fiktionenbündnisses« der beteiligten Akteursgruppen. Die internen Berater standen unter dem Druck, die Effizienz der Maßnahme nachweisen zu müssen, um in einer schwierigen Situation ihre eigene Effizienz unter Beweis zu stellen und eventuell weitere Personalzuweisungen zu ihrer »Task-Force« zu erreichen. Die externen Berater standen unter dem Druck, in ihren Kaizen-Workshops quantifizierbare Erfolge errechnen zu müssen, um sich im Wettbewerb gegen die anderen Beratungsfirmen profilieren zu können. In einer Beratungsfirma war es sogar üblich, dass ihre Mitarbeiter abhängig von den in den Workshops erzielten Einsparungen honoriert wurden. Für die Team- und Bereichsleiter boten die Kaizen-Workshops eine Möglichkeit, sich als Vorzeigeteam oder Vorzeigeniederlassung zu präsentieren. Dieses Verhalten wurde insbesondere dadurch begünstigt, dass der Vorstand einen verstärkten internen Wettbewerb zwischen den Teams und den Bereichen ausgerufen hatte und dieser Wettbewerb mit Ranglisten, Preisen und Belobigungen für Team- und Bereichsleiter gefördert wurde.

Die Herausforderung für das Projektmanagement besteht darin, trotz der Unmöglichkeit der Evaluation eindeutiger Projekterfolge so etwas wie Ansätze eines Projektlernens zu realisieren. Das Dilemma für Projektbeteiligte ist, dass sich diese beiden Prozesse tendenziell widersprechen. Die Präsentation von Erfolgen behindert Lernprozesse. Das Eingestehen von Problemen oder die Formulierung von »learnings« passen häufig nicht zu den aufgebauten Erfolgsmythologien der Projekte. Die Kunst besteht also darin, die Prozesse so zu entkoppeln, dass nach außen Projekterfolge präsentiert werden können, gleichzeitig aber im Projekt auf der Basis möglichst realistischer Projektbeschreibungen Lernprozesse einsetzen können.

3.4 Jenseits von Projektgruppen und Lenkungsausschüssen: Die Auflösung klassischer Projektinstanzen

In der Literatur wird die Einrichtung von Projektgruppen und Lenkungsausschüssen immer noch vielfach als State of the Art des Projektmanagements bezeichnet. Nicht selten betrachten Experten- und Prozessberater diese Maßnahmen als Kernbestandteil des Projektmanagements. Prozessberater mit Kenntnissen der Gruppendynamik hegen eine Sympathie für flache hierarchische Strukturen (Gruppenarbeit) als »bessere Alternative« zur hierarchischen Organisation (Heintel und Krainz 2000, S. 15). Für die klassischen Expertenberater ist es vermutlich wichtiger, ihre eigenen Berater über Projektgruppen, die sie mit eigenem Personal und eigenen Räumlichkeiten ausstatten, in der Organisation zu verankern.

Die Einrichtung von Projektgruppen klingt auf den ersten Blick plausibel: Die Steuerung und Koordination einer in Vollzeit tätigen Gruppe ist einfacher, als wenn in einem Projekt immer wieder neue Personen zusammengezogen werden müssen. Das Projekt kann durch die voll verantwortliche Gruppe schneller abgewickelt werden, und damit weiß die Hierarchie, wen sie als Schuldigen identifizieren kann, wenn ein Projekt nicht zum Erfolg führt. Weil die Projektgruppe wenigstens teilweise aus der bestehenden hierarchischen Struktur herausgelöst wird, besteht die Hoffnung, dass in festen Gruppen innovativere Lösungen erarbeitet werden. Über die Einrichtung von Projektgruppen kann dabei gewährleistet werden, dass jede Abteilung Mitarbeiter in das Projekt entsenden kann und externe Spezialisten eingebunden werden können.

Die Organisationsforschung hat inzwischen aber festgestellt, dass Organisationen dazu tendieren, Spezialbereiche für »Variation« auszubilden, deren Ideen, Anregungen und

Konzepte dann von den »Routine-Spezialisten« häufig nur widerwillig oder gar nicht in die Praxis umgesetzt werden (Kieser 1995, S. 256). Abteilungen für Szenario-Management, für Organisationsentwicklung oder Forschung und Entwicklung sind dafür zuständig, Wissen zu produzieren, Bereiche im operativen Bereich sollen die Wissensbestände dann anwenden. Organisationsexperten in den Stäben konzentrieren sich auf die Entwicklung neuer Organisationsstrukturen, und die in die Linie integrierten Abteilungen sollen diese Organisationsstrukturen umsetzen. Die Einrichtung von Projektgruppen und Lenkungsausschüssen ist ein typisches Beispiel für die Ausdifferenzierung von »Variations-Spezialisten«, deren Ergebnisse dann von den »Routine-Spezialisten« implementiert werden sollen.

Häufig bildet sich dabei ein ungewollter Nebeneffekt aus. Wenn die Aufforderung zur Neugestaltung von Unternehmensprozessen an Spezialeinheiten abgegeben wird, dann darf man sich nicht wundern, wenn sich alle anderen Abteilungen auf die Routineaufgaben zurückziehen und neue Entwicklungen als unwillkommene Störungen zurückweisen. Im Projektalltag lässt sich dieser Effekt am Phänomen der »Planungsruinen« beobachten: Projektteams entwickeln IT-gestützte Wissensmanagement-Programme, die von den »Usern« nicht genutzt werden. Strategiegruppen erstellen neue Organigramme, die die herrschenden Machtgeflechte nicht ausreichend berücksichtigt haben und deswegen nicht »lebendig« werden. Entwicklungsabteilungen erfinden neue Produkte, von denen sich erst spät herausstellt, dass sie sich gar nicht in Serie fertigen lassen.

Die Lenkungsausschüsse können nur begrenzt helfen, dieses Problem in den Griff zu bekommen. Lenkungsausschüsse sind eine gute Versicherung gegen unbedachte Neuerungen (z. B. unerwünschte Machtverschiebungen), weil hier diejenigen zusammenkommen, die später die Implementation verantworten müssen. Aber der Preis ist hoch: Nicht selten müssen Projektteams (zu) viel Kraft aufwenden, um die Sitzungen des Lenkungsausschusses vorzubereiten; sie erschöpfen sich im Erstellen von Diskussionsvorlagen. Die Vorlagen werden unter Umständen so oft zurückgewiesen, bis alle Energie des Projektteams verbraucht ist.

Man kann das Scheitern von Projekten am Widerstand der Linienorganisation als »Systemabwehr« einer innovationsfeindlichen Restorganisation diskriminieren (Heintel und Krainz 1994), aber letztlich wird diese Systemabwehr durch die Einrichtung von Projektgruppen produziert. Die Projektgruppe mag sich durch eine außergewöhnliche Schnelligkeit und Kreativität bei der Entwicklung von Plänen auszeichnen, aber diese Effekte neutralisieren sich bei der Umsetzung der Pläne im Alltagsgeschäft.

Das klassische Projektmanagement reagiert auf das Problem der »Systemabwehr« der Restorganisation, indem man nicht nur Stabsstellenmitarbeiter und externe Berater in Projektteams zusammenzieht, sondern auch möglichst viele Mitarbeiter aus unterschiedlichen operativen Bereichen. Aber damit wird das Problem lediglich verschoben. Wenn die Mitarbeiter aus den operativen Bereichen für die Mitarbeit im Projekt komplett freigestellt werden, übernehmen sie häufig überraschend schnell die an Innovationsspielen orientierte Logik der Berater und Stabsstellenmitarbeiter. Wenn sie nur zeitweise für das Projekt freigestellt werden, dann betrachten sie die Teilnahme an den Projekten häufig nur als lästige Pflicht, die sie von der »eigentlichen Arbeit« abhält.

Als Alternative zu den vorherrschenden Projektmanagementmodellen gibt es die Tendenz, als Planungsinstanz nur noch einen Projektmanager oder eine Projektmanagerin einzusetzen, der oder die direkt an den »Chef« oder die »Chefin« berichtet. Auf die Einrichtung von Projektgruppen oder Lenkungsausschüssen wird weitgehend verzichtet. In der Literatur wird dieser Ansatz auch als »Einfluss-Projektmanagement« bezeichnet. Der Projektmanager hat in diesem Modell keine hierarchischen Weisungsbefugnisse gegenüber anderen Projektbeteiligten, sondern zieht als Koordinator die Beteiligten aus der Linienorganisation punktuell hinzu (vgl. z. B. Kraus und Westermann 1997, S. 43; Zielasek 1999, S. 18).

Auf den ersten Blick liegt der Nutzen dieser Vorgehensweise darin, dass sich die Freistellung von Personal für ein Projekt erübrigt und dass das Alltagsgeschäft der meisten Projektbeteiligten durch die nur kurzen Besprechungszeiten kaum beeinträchtigt wird. Der Hauptnutzen scheint jedoch in einem anderen Aspekt zu liegen. Der Verzicht auf Projektinstanzen sorgt dafür, dass sich das Projekt nicht zu stark von der Logik der »Routine-Spezialisten« entfernt. Noch wichtiger ist jedoch, dass durch die permanent wechselnde Zusammensetzung verhindert werden soll, dass sich die eingefahrene, sich gegenseitig blockierende Machtkonstellation im Projektprozess verstärken könnte. Der Austausch des Personals verhindert, dass sich Positionen in Gruppen (zu früh) verfestigen. Die Kontingenz lässt sich relativ lange aufrechterhalten.

Zugestanden: Auch in diesem Modell besteht die Gefahr, dass der Projektmanager Veränderungen vorantreibt, die angesichts der organisationalen Strukturen unangemessen sind. Dieses Risiko wird dadurch abgemildert, dass die Workshops und Konferenzen mit den Projektbeteiligten immer auch auf Reflexion gerichtet sind, also das Für und Wider der vorgestellten Konzepte abgewogen wird.

Wo liegen die Schwächen dieser Vorgehensweise? Die Durchsetzungskompetenzen des Projektmanagers sind gemeinhin schwach. Es gibt keine »Instanz« in Form von Projektteams und Lenkungsausschüssen, auf die er sich beziehen kann. Der Sponsor des Projektes ist kraft seiner Führungsposition also stark gefordert. Er muss für die Rückendeckung, die Ressourcen des Projektmanagers sorgen. Dies muss aber nicht unbedingt als Pathologie dieses Modells angesehen werden. Im Gegenteil: Der Hierarch oder die Hierarchin kann die Verantwortung nicht auf Projektteams und Lenkungsausschüsse abwälzen, sondern steht selbst im Zentrum des Geschehens.

3.5 Jenseits der Win-win-Mythologie: Projektmanagement als Organisation mikropolitischer Spiele

Als Hauptproblem beim Projektmanagement wird häufig das »Verheizen von Projektbeteiligten in Macht- und Politikspielchen« angeführt (vgl. Winkelhofer 2001, S. 735). Die Schilderungen des Projektalltags klingen wie Beschreibungen aus Kriegsgebieten. Es finden »Stellungs- und Grabenkriege« statt. Es werden »Stellvertreterkämpfe« zwischen den Abteilungen und Bereichen ausgefochten. Jede Abteilung, jeder Bereich versucht in den »Projektgefechten«, die eigene Position auf Kosten der anderen zu stärken. Projektmitarbeiter entwickeln »Bunkermentalität« und »Lagerzimmersyndrome« und dringen aus Interesse am Projekterfolg in die »Hoheitsgebiete« der Bereichs- und Abteilungsleiter ein (vgl. Krüger und Bauermann 1986, S. 6 f.; Kraus und Westermann 1997, S. 196).

Auch wenn für solche Auseinandersetzungen häufig martialische Beschreibungsformen gewählt werden, darf nicht übersehen werden, dass sich diese Machtspiele automatisch aus den unterschiedlichen Interessenlagen ergeben. Dies ist keine Pathologie von Kooperationsbeziehungen, sondern unvermeidbare Folge der Arbeitsteilung. Organisationen sind darauf angewiesen, eine Gesamtaufgabe in einzelne Aufgabenpakete zu zerlegen, die dann von unterschiedlichen Abteilungen, Geschäftsbereichen und Arbeitsgruppen abgearbeitet

werden können. Die organisatorischen Einheiten richten sich
in ihren Kalkülen an ihren jeweiligen Arbeitsaufgaben aus.

Soll in einer Projektkonstellation eine Kooperation zwischen Mitgliedern eines Projektteams stattfinden, ergeben
sich automatisch Konflikte. Jeder beherrscht eine andere Unsicherheitszone, einen Bereich, wo nur er die nötigen Informationen oder den Zugang zu den Informationen besitzt. Wer
eine Unsicherheitszone beherrscht, hat Macht gegenüber den
anderen Projektbeteiligten, die auf dieses spezielle Wissen angewiesen sind.

Bei Projekten zur Lösung gut definierter Probleme, wie
zum Beispiel der Verlegung eines Kabels oder der Erstellung eines Telefonbuches, haben wir es in der Regel kaum mit
Machtspielen zu tun. Das hängt damit zusammen, dass aufgrund der Eindeutigkeit der Problemlage klare Wenn-dann-
Regeln für die Abwicklung des Projektes aufgestellt werden
können. Diese Wenn-dann-Regeln begrenzen die Entwicklung von Machtspielen im Rahmen des Projektes. Bei Projekten zur Lösung schlecht definierter Probleme stehen diese
Wenn-dann-Regeln zur Reduzierung von Machtspielen nicht
zur Verfügung.

Nicht umsonst kommen in Projekten zur Lösung schlecht
definierter Probleme deswegen Fragen bezüglich der hinter-
gründigen Interessen der einzelnen Akteure auf (Doppler und
Lauterburg 1997, S. 290). Hierbei handelt es sich um Fragen
wie: Welche verdeckten Ziele könnten die Auftraggeber eventuell verfolgen? Besteht die Möglichkeit, dass wichtige Be-
troffene im Hintergrund bleiben und dort die Drähte ziehen,
sodass das Ganze im Endeffekt ein Marionettenprojekt werden könnte? Wie groß ist die Gefahr, dass man versucht, bis-
her erfolglose Bemühungen lediglich unter der Tarnkappe einer veränderten Bezeichnung erneut anzuschieben? Gibt es
Anzeichen dafür, dass es sich um eine reine Alibiübung handelt, die letztlich nur beweisen soll, dass das Ziel gar nicht er-

reicht werden kann? Welche Tabus könnte es geben? Wo sind die »heiligen Kühe« versteckt? Gibt es im Projektumfeld tatsächliche oder vermutete »sachfremde Interessen« des Projektteams oder des Projektleiters, die sich ungünstig auswirken könnten?

Grundvoraussetzung eines Managements von Projekten zur Lösung schlecht definierter Probleme ist die Akzeptanz von Machtspielen. Alltägliche Konflikte (Konflikte ist ein anderes Wort für Machtspiele) in Organisationen sollten nicht verdammt oder vorschnell durch Harmonieformeln kaschiert werden. Im Gegenteil: Konflikte, Auseinandersetzungen und Machtspiele sind für die Organisation funktional. Das Problem ist, dass durch die schlüssigen Zweckformeln der Organisationen (»Wir produzieren Eins-a-Autos«, »Wir bieten den besten Service aller Hotels« etc.) viele Aspekte ausgeblendet werden (z. B. »Sind unsere Mitarbeiter ausgebildet und in der Lage, die Eins-a-Qualität zu gewährleisten?«, »Kostet der ›beste Service‹ nicht zu viel?« etc.). Die Konflikte zwischen den Vertretern der unterschiedlichen Ressorts, Abteilungen oder Geschäftseinheiten fördern diese ausgeblendeten Aspekte wieder zutage und machen sie diskutierbar (vgl. grundlegend Luhmann 1973, S. 229 ff.).

In Projekten entwickeln sich Machtspiele besonders heftig. Heikle Reibereien zwischen den Routinespielen an der Basis der Organisation einerseits und den Innovationsspielen des Topmanagements und seiner »Variationsspezialisten« andererseits sind an der Tagesordnung. Günter Ortmann (1994, S. 65) beschreibt, dass an der Organisationsspitze Machtspiele um strategische Ziele, um Modernisierung und Rationalisierung ablaufen (sogenannte Innovationsspiele) und gleichzeitig das mittlere und untere Management in den wertschöpfenden Bereichen um das Erreichen operativer Kleinstziele ringt (sogenannte Routinespiele). In Projekten stoßen diese sonst getrennt ablaufenden Prozesse aufeinander.

Die Karten für die nächsten Partien der Innovations- und Routinespiele werden häufig in den Projekten gemischt. Reorganisationsprojekte, Produktentwicklungsprojekte oder große IT-Projekte können als Metaspiele verstanden werden, weil es dabei um die Regeln für zukünftige Machtspiele geht. Die Raffinesse, die sich in einigen Spielzügen zeigt, wird fälschlicherweise oft als Widerstand gegen das Projekt interpretiert; sie ist jedoch nicht Ausdruck von Irrationalität, Dummheit oder Trägheit, sondern – im Gegenteil – ein durch die Organisation induziertes Phänomen.

Wie sollte man mit Machtspielen umgehen? Bei Projekten, die sich mit schlecht definierten Problemen befassen, ist es ein Fehler, Konflikte so früh wie möglich lösen und die Machtspiele abkürzen zu wollen (so Gesellschaft für Projektmanagement 2005, S. 94). Der Projektprozess kann nicht vorankommen, solange die mikropolitische Lage nicht »geklärt« ist. Eine einzige Projektsitzung bietet Herausforderern und Herausgeforderten kaum Gelegenheit, sich zu arrangieren. Dazu benötigt man Zeit, seine Interessen darzustellen und zu verteidigen oder schließlich zugunsten einer neuen Handlungsmöglichkeit aufzugeben. Beim Management von Projekten zur Lösung schlecht definierter Probleme muss die Maxime deshalb lauten, den Projektprozess zu prolongieren, um darüber den Akteuren einen möglichst großen Entfaltungsspielraum zu geben.

In einer Unternehmenskrise kann es vorkommen, dass sich das Topmanagement in einem wichtigen Projekt durchsetzt. Die »Rettung« der Lufthansa durch die Gründung der Star Alliance oder die Fusion von Daimler und Chrysler (jedenfalls in den ersten zwei Jahren) sind Geschichten, die von den Medien als Musterbeispiele für starke Unternehmensführung gewürdigt wurden. In Projekten zur Lösung schlecht definierter Probleme hat man jedoch selten eine solche Machtkonzentration in der Unternehmensleitung. Die Machtressourcen des

»Herrn« oder der »Herrin« eines Projektes sind begrenzt – es gibt Gegenspieler, die dafür sorgen. Für einen Projektmanager ist es also wichtig, die Machtressourcen des »Herrn« oder der »Herrin« zu schonen, denn diese könnten sich schnell verbrauchen, wenn er die Unternehmensleitung zu oft darum ersucht, ihm bei Widerständen beizustehen. Eine Alternative besteht darin, einen Verständigungsprozess zwischen den Beteiligten in Gang zu setzen, denn an den Punkten, an denen sich Akteure einigen, braucht der »Herr« oder die »Herrin« keine Drohkulissen aufzubauen.

Aber jenseits der häufig in der Projektliteratur zu findenden Verklärung von Verständigungsprozessen in Unternehmen darf nicht übersehen werden, dass es für den Projektmanager nötig sein kann, auf die Macht des »Herrn« oder der »Herrin« zurückzugreifen. Gerade weil die Rationalitäten der beteiligten Akteure so verschieden sind, können Verständigungsprozesse schnell an ihre Grenzen stoßen. In diesem Fall kann zur Fortführung des Projektes ein Machtwort des »Herrn« oder »Herrin« weiterhelfen.

4 Grenzen und Möglichkeiten des Managements von Projekten zur Lösung schlecht definierter Probleme

Die Methoden des Managements von Projekten zur Lösung schlecht definierter Probleme eignen sich nicht für alle Projekte gleichermaßen. Bei Projekten mit gut definierten Problemen ist der Ansatz ungeeignet. Bei gut definierten Standardproblemen können die klassischen Methoden des Projektmanagements greifen. Schließlich kommt es hier nicht so sehr auf das Aushandeln von Handlungsalternativen an, sondern auf die rasche Umsetzung der Ideen. Mit Methoden des kontingenten Planungsprozesses würde ein Projekt zur Lösung gut definierter Probleme ineffizient umgesetzt werden.

Aber: Die Grenzen zwischen gut definierten und schlecht definierten Problemen sind fließend. Das Problem der Neuerstellung eines Telefonbuches für eine Firma ist ein gut definiertes Problem, wenn die Einträge die Positionen, die die Mitarbeiter bekleiden, nicht berücksichtigen müssen. Man muss die Personen einfach nur alphabetisch anordnen und braucht keine Rücksicht auf ihre hierarchische Position zu nehmen. Wenn aber die Einträge in das Telefonbuch unter Beachtung des Ranges in der Hierarchie geordnet werden sollen, kann es ein schlecht definiertes Problem sein, weil sich Machtinteressen einlagern können. Die Erstellung eines Fertighauses ist in der Regel ein gut definiertes Problem, weil die

Unsicherheiten im Vorhinein geklärt werden und auf genaue
Vorgaben hin Routineprogramme aufgesetzt werden können.
Sie können jedoch aufgrund von renitenten Bauherren, über-
raschenden Erdverschiebungen oder Insolvenzen von Zulie-
ferfirmen schnell zu schlecht definierten Problemen werden.
Vermutlich beschäftigen sich mehr Projekte mit der Lösung
schlecht definierter Probleme, als man auf den ersten Blick
denken mag.

Wir vermuten, dass der von uns beschriebene Ansatz für
die alltägliche Arbeit der Projektmanager sehr gut geeignet ist:
Die Ziele werden so abstrakt formuliert, dass sie kaum noch
als Zielkorridor angesehen werden können. Trotz Projektma-
nagementsoftware und Phasenüberschneidungen werden mit
zunehmendem Zeitdruck Erprobungen begonnen, ohne dass
die Reflektion abgeschlossen ist. Die abgeschlossenen Projekte werden in vielen Fällen gar nicht mehr evaluiert, sondern
in der Hektik des Alltags wenden sich die beteiligten Mitarbeiter gleich dem nächsten Projekt zu. Machtkämpfe, die der
Projektmanager nur mühsam in den Griff bekommen kann,
sind an der Tagesordnung. Die Grenzen des Projektteams lösen sich durch die Hinzuziehung weiterer Akteure auf, sodass
gar nicht mehr klar markiert werden kann, wer zu einem Projektteam dazugehört und wer nicht.

Diese Realität wurde in der einschlägigen Literatur lange
Zeit als pathologische Abweichung von der eigentlich richtigen linearen Projektmanagement-Logik bezeichnet. Obwohl
viele durch die klassische Lehre geprägte Projektmanager zu-
gestehen, dass die Projekte viel unkontrollierter ablaufen, als
es die offiziell verkündeten Projektarchitekturen, -netzpläne
und -strukturpläne suggerieren, hält man doch vielerorts auch
bei Projekten zur Lösung schlecht definierter Probleme an den
klassischen Instrumentarien des Projektmanagements fest.

Es ist nicht leicht, sich von diesem zweckrationalen Paradigma zu lösen, denn mittlerweile ist eine regelrechte »Pro-

jektmanagement-Industrie« entstanden. Wer als Projektmanager Karriere machen will, muss inzwischen vielerorts eine
Ausbildung im Projektmanagement nachweisen. Die großen
Projektmanagementgesellschaften bieten zertifizierte Ausbildungsgänge an. Diese Ausbildungsgänge werden – ähnlich
wie bei Accountants – durch Prüfungen abgeschlossen, und
kaum eine Form des Projektmanagements lässt sich besser
abprüfen als das zweckrationale Paradigma des Projektmanagements. Und weil Lehrtätigkeit in diesen standardisierten
Ausbildungsgängen ein gutes Geschäft für Projektmanager
geworden ist, gibt es kaum Interesse, von dieser zweckrationalen Form des Projektmanagements abzuweichen (siehe
dazu Grabher 2002, S. 207).

Die Situation erinnert ein bisschen an das bekannte
Lock-in-Beispiel der Qwerty-Schreibmaschinentastatur. Die
Qwerty-Schreibmaschinentastatur – so das überstrapazier-
te, nach der obersten Buchstabenreihe von Tastaturen be-
nannte Beispiel für Lock-ins – hatte nur bei ihrer Einführung
Mitte des neunzehnten Jahrhunderts die sinnvollste Vertei-
lung der Buchstaben, weil durch die nur suboptimale Tastaturanordnung die Schreibkräfte in ihrer Geschwindigkeit
gebremst wurden und so das Verhaken der Typenhebel verhindert werden konnte. Obwohl das Verhaken von Typen-
hebeln angesichts von Computern und optimierten Schreib-
maschinen heute kein Problem mehr darstellt und sich eine
schreibergonomisch effizientere Form der Buchstabenanord-
nung anbietet, kommt es dennoch nicht zu einer Veränderung, weil die Kosten, die entstünden, wenn sich Heerscharen
von Mitarbeitern auf eine neue Tastaturanordnung einstellen
müssten, zu hoch wären (vgl. David 1985). Nicht die jeweils
effizienteste organisatorische Lösung setzt sich durch, sondern die Lösung, die aufgrund vorher getroffener Entscheidungen in einem Korridor oder auf einem Pfad naheliegend
erscheint.

Das klassische, am zweckrationalen Organisationsmodell orientierte Projektmanagement bekommt jedoch auch in der öffentlichen Diskussion Risse. Populäre Konzepte wie das agile Projektmanagement, bei dem auf die Definition von langfristigen Zielen verzichtet wird, keine großen Masterpläne für Projekte aufgestellt und stattdessen eine Vielzahl auch konkurrierender Erprobungen aufgesetzt wird, zeigen, dass sich auch in der öffentlichen Diskussion alternative Modelle durchsetzen. Die Hoffnung besteht, dass die permanente Klage über die Diskrepanz zwischen Projektmodellen und Projektrealitäten letztlich auch bei der Ausbildung von Projektmanagern zu einem Ansatz führt, der der Realität von Projekten zur Lösung schlecht definierter Probleme nahekommt und dass dadurch auch die professionellen Standards für Projektmanagement verändert werden.

Literaturverzeichnis

Augier, Mie; March, James G. (2007): The Pursuit of Relevance in Management Education. In: *California Management Review* 94, S. 129–146.

Bartunek, Jean M.; Rynes, Sara L. (2014): Academics and Practitioners Are Alike and Unlike: The Paradoxes of Academic-Practitioner Relationships. In: *Journal of Management* 40, S. 1181–1201.

Bauman, Zygmunt (1999): Über die Rationalität des Bösen. Interview mit Zygmunt Bauman. In: Harald Welzer (Hg.): Auf den Trümmern der Geschichte. Gespräche mit Raul Hilberg, Hans Mommsen und Zygmunt Bauman. Tübingen: Edition diskord, S. 91–126.

Benington, Herbert D. (1983): Production of Large Computer Programs. In: *IEEE Annals Hist. Comput.* 5, S. 350–361.

Besio, Cristina (2009): Forschungsprojekte. Zum Organisationswandel in der Wissenschaft. Bielefeld: transcript.

Bröckling, Ulrich (2005): Projektwelten. Anatomie einer Vergesellschaftungsform. In: *Leviathan* 33, S. 364–383.

Brunsson, Nils (1985): The Irrational Organization. Irrationality as a Basis for Organizational Action and Change. Chichester et al.: John Wiley.

Burns, Tom; Stalker, George M. (1961): The Management of Innovation. London: Tavistock.

Campana, Christophe (2005): Warum Projektmanagement für jedes Unternehmen ein kritischer Erfolgsfaktor ist. In: Eric Schott und Christophe Campana (Hg.): Strategisches Projektmanagement. Berlin: Springer, S. 3–28.

Cicmil, Svetlana; Williams, Terry; Thomas, Janice; Hodgson, Damian (2006): Rethinking Project Management. Researching the Actuality of Projects. In: *International Journal of Project Management* 24, S. 675–686.

Clarke, Angela (1999): A Practical Use of Key Success Factors to Improve the Effectiveness of Project Management. In: *International Journal of Project Management* 17, S. 139–145.

Cohen, Michael D.; March, James G.; Olsen, Johan P. (1990): Ein Papierkorb-Modell für organisatorisches Wahlverhalten. In: James G. March (Hg.): Entscheidung und Organisation: Kritische und konstruktive Beiträge. Wiesbaden: Gabler, S. 329–372.

David, Paul A. (1985): Clio and the Economics of Qwerty. In: *American Economic Review* 75, S. 332–337.

Doppler, Klaus; Lauterburg, Christoph (1997): Change Management. Den Unternehmenswandel gestalten. 7. Aufl. Frankfurt a. M., New York: Campus.

Faust, Michael et al. (1994): Dezentralisierung von Unternehmen, Bürokratie und Hierarchieabbau und die Rolle betrieblicher Arbeitspolitik. München, Mering: Rainer Hampp Verlag.

Flyvbjerg, Bent; Bruzelius, Nils; Rothengatter, Werner (2003): Megaprojects and Risk. An Anatomy of Ambition. Cambridge: Cambridge University Press.

Fröhlich, Adrian W. (2002): Mythos Projekt. Projekte gehören abgeschafft. Bonn: Galileo Press.

Gesellschaft für Projektmanagement (2005): Projektmanager. Nürnberg: Deutsche Gesellschaft für Projektmanagement.

Grabher, Gernot (2002): Cool projects, Boring Institutions. Temporary Collaboration in Social Context. In: *Regional studies* 36, S. 205–214.

Groth, Torsten (1999): Wie systemtheoretisch ist »Systemische Organisationsberatung«? Neuere Beratungskonzepte für Organisationen im Kontext der Luhmannschen Systemtheorie. 2. Aufl. München: Lit Verlag.

Heintel, Peter; Krainz, Ewald E. (1994): Was bedeutet »Systemabwehr«? In: Klaus Götz (Hg.): Theoretische Zumutungen. Vom Nutzen der systemischen Theorie für die Managementpraxis. Heidelberg: Carl-Auer Verlag, S. 160–193.

Heintel, Peter; Krainz, Ewald E. (2000): Projektmanagement. Eine Antwort auf die Hierarchiekrise? Wiesbaden: Gabler.

Hobday, Mike (2000): The Project-based Organisation. An Ideal Form for Managing Complex Products and Systems. In: *Research Policy* 29, S. 871–893.

Hodgson, Damian; Cicmil, Svetlana (2006): Are Projects Real? The PMBOK and the Legitimation of Project Management Knowledge. In: Damian Hodgson und Svetlana Cicmil (Hg.): Making Projects Critical. Basingstoke: Palgrave Macmillan, S. 29–50.

Kalkowski, Peter; Mickler, Otfried (2002): Zwischen Emergenz und Formalisierung: zur Projektifizierung von Organisation und Arbeit in der Informationswirtschaft. In: *Sofi-Mitteilungen* 30, S. 119–134.

Kalkowski, Peter; Mickler, Otfried (2009): Antinomien des Projektmanagements. Eine Arbeitsform zwischen Direktive und Freiraum. Berlin: Edition Sigma.

Kieser, Alfred (1995): Evolutionstheoretische Ansätze. In: Alfred Kieser (Hg.): Organisationstheorien. 2. Aufl. Stuttgart, Köln, Berlin: Kohlhammer, S. 237–268.

Kraus, Georg; Westermann, Reinhold (1997): Projektmanagement mit System. 2. Aufl. Wiesbaden: Gabler.

Krüger, Wilfried; Bauermann, Ralf (1986): Projekt-Management in der Krise. Probleme und Lösungsansätze. In: Wilfried Krüger (Hg.): Projekt-Management in der Krise. Frankfurt a. M., Bern, New York: Peter Lang, S. 1–50.

Kühl, Stefan (2008): Coaching und Supervision. Zur personenorientierten Beratung in Organisationen. Wiesbaden: VS Verlag für Sozialwissenschaften.

Kühl, Stefan (2011a): Organisationen. Eine sehr kurze Einführung. Wiesbaden: VS Verlag für Sozialwissenschaften.

Kühl, Stefan (2011b): Vorsicht, Statistik! In: *Harvard Business Manager* (6), S. 96–99.

Kühl, Stefan (2015a): Das Regenmacher-Phänomen. Widersprüche im Konzept der lernenden Organisation. 2. Aufl. Frankfurt a. M., New York: Campus.

Kühl, Stefan (2015b): Sisyphos im Management. Die vergebliche Suche nach der optimalen Organisationsstruktur. 2. Aufl. Frankfurt a. M., New York: Campus.

Kühl, Stefan (2015c): Wenn die Affen den Zoo regieren. Die Tücken der flachen Hierarchien. 6. Aufl. Frankfurt a. M., New York: Campus.

Kühl, Stefan; Matthiesen, Kai; Schnelle, Thomas (2005): Raus aus der Routine. In: *HarvardBusinessManager* (3), S. 22–35.

Kühl, Stefan; Schnelle, Wolfgang (2003): Jenseits der Win-Win-Mythologie. Projektmanagement als Organisation mikropolitischer Spiele. In: *Organisationsentwicklung* (3), S. 98–101.

Kühl, Stefan; Schnelle, Wolfgang (2006): Wenn klassisches Projektmanagement in die Sachgasse führt. In: Birgit Ehrl-Gruber (Hg.): Handbuch Innovatives Projektmanagement. Kissing: Weka Media, S. 1–24.

Lechler, Thomas; Gemünden, Hans Georg (1998): Kausal-
analyse der Wirkungsstruktur der Erfolgsfaktoren des
Projektmanagmeents. In: *Die Betriebswirtschaft* 58,
S. 263–284.

Lehmann, John H. (1979): How Software Projects are Really
Managed. In: *Datamation* 25, S. 115–129.

Lindblom, Charles E. (1959): The Science of »Muddling
Through«. In: *Public Administration Review* 19, S. 79–88.

Lindblom, Charles E. (1979): Still Muddling, Not Yet
Through. In: *Public Administration Review* 39, S. 517–526.

Luhmann, Niklas (1964): Funktionen und Folgen formaler
Organisation. Berlin: Duncker & Humblot.

Luhmann, Niklas (1971a): Reform des öffentlichen Dienstes.
In: Niklas Luhmann (Hg.): Politische Planung. Opladen:
WDV, S. 203–256.

Luhmann, Niklas (1971b): Zweck – Herrschaft – System.
Grundbegriffe und Prämissen Max Webers. In: Niklas
Luhmann (Hg.): Politische Planung. Opladen: WDV,
S. 90–112.

Luhmann, Niklas (1973): Zweckbegriff und Systemrationali-
tät. Frankfurt/M.: Suhrkamp.

Luhmann, Niklas (1992): Die Wissenschaft der Gesellschaft.
Frankfurt/M.: Suhrkamp.

Luhmann, Niklas (2000): Organisation und Entscheidung.
Opladen: WDV.

March, James G.; Simon, Herbert A. (1976): Organisation
und Individuum. Menschliches Verhalten in Organisationen. Wiesbaden: Gabler.

Maylor, Harvey (2001): Beyond the Gantt Chart. Project
Management Moving on. In: *European Management Journal* 19, S. 92–100.

Neuberger, Oswald (1994): Zur Ästhetisierung des Managements. In: Georg Schreyögg und Peter Conrad (Hg.):

Managementforschung 4. Berlin, New York: Walter de Gruyter, S. 1–70.

Ortmann, Günther (1994): Formen der Produktion. Organisation und Rekursivität. Opladen: WDV.

Ortmann, Rolf G. (1993): Projektmanagement in der Softwareentwicklung: Definierte Abläufe oder offene Prozesse. In: Vdf (Hg.): Management von Großprojekten. Zürich: vdf, S. 1–10.

Packendorff, Johann (1995): Inquiring into the Temporary Organization. New Directions for Project Management Research. In: *Scandinavian Journal of Management* 11, S. 319–333.

Portny, Stanley E. (2012): Projektmanagement für Dummies. 3. Aufl. Weinheim: Wiley-VCH.

Prinz, Alois (2003): Lieber wütend als traurig. Die Lebensgeschichte der Ulrike Marie Meinhof. Weinheim, Basel, Berlin: Beltz.

Project Management Institute (2000): A Guide to the Project Management Body of Knowledge. Newtown Square: Project Managemen Institute.

Royce, Winston W. (1970): Managing the Development of Large Software Systems. In: *Proceedings of IEEE WESCON*, S. 328–338.

Schwarze, Jochen (1994): Netzplantechnik. Eine Einführung in das Projektmanagement. Herne, Berlin: Verlag Neue Wirtschafts-Briefe.

Steinbuch, Pitter A. (1998): Projektorganisation und Projektmanagement. Ludwigshafen: Kiehl.

Taylor, Frederick W. (1979): Die Grundsätze wissenschaftlicher Betriebsführung. 2. Aufl. München: Oldenbourg.

Theuvsen, Ludwig (1996): Business Reengineering. Möglichkeiten und Grenzen einer prozeßorientierten Organisationsgestaltung. In: *Zeitschrift für betriebswirtschaftliche Führung* 48, S. 65–82.

Torka, Marc (2009): Die Projektförmigkeit der Forschung.
Baden-Baden: Nomos.

Weber, Max (1976): Wirtschaft und Gesellschaft. Tübingen:
J. C. B. Mohr.

Winkelhofer, Georg A. (2001): Projektmanagement. In: Hans
Dieter Zollondz (Hg.): Lexikon Qualitätsmanagement.
München, Wien: Oldenbourg, S. 729–737.

Zielasek, Gotthold (1999): Projektmanagement als Führungs-
konzept. Erfolgreich durch Aktivierung aller Unterneh-
mensebenen. 2. Aufl. Berlin: Springer.

Lektürehinweise – für ein organisationstheoretisch informiertes Verständnis von Organisationen

Unser Anspruch ist es, für Praktiker, die sich für einen organisationstheoretisch informierten Zugang zu Organisationen interessieren, ein umfassendes Angebot an aufeinander Bezug nehmenden Texten zur Verfügung zu stellen. Im Einzelnen besteht dieses Angebot aus folgenden Bausteinen:

Eine grundlegende Einführung in ein systemtheoretisches Verständnis von Organisationen
Kühl, Stefan (2011): *Organisationen. Eine sehr kurze Einführung.* Wiesbaden: VS Verlag für Sozialwissenschaften.

Grundlegend zur Rolle von Macht, Verständigung und Vertrauen in Organisationen
Kühl, Stefan (2016): *Laterales Führen. Eine kurze organisationstheoretisch informierte Handreichung zu Macht, Vertrauen und Verständigung.* Wiesbaden: Springer VS.

Anwendungen auf verschiedene Anlässe in Organisationen

Kühl, Stefan; Muster, Judith (2015): *Organisationen gestalten. Eine kurze organisationstheoretisch informierte Handreichung*. Wiesbaden: Springer VS.

Kühl, Stefan (2016): *Leitbilder erarbeiten. Eine kurze organisationstheoretisch informierte Handreichung*. Wiesbaden: Springer VS.

Kühl, Stefan (2016): *Strategien entwickeln. Eine kurze organisationstheoretisch informierte Handreichung*. Wiesbaden: Springer VS.

Kühl, Stefan (2016): *Märkte explorieren. Eine kurze organisationstheoretisch informierte Handreichung*. Wiesbaden: Springer VS.

Kühl, Stefan (2016): *Projekte führen. Eine kurze organisationstheoretisch informierte Handreichung*. Wiesbaden: Springer VS.

In den nächsten Jahren kommen in der Reihe Springer Essentials jeweils noch kurze organisationstheoretisch informierte Einführungen zu Interaktionsarchitekturen (z. B. Workshops, Großkonferenzen, Webkonferenzen) und zu Tätigkeiten in Organisationen (z. B. Managen, Führen, Beraten, Moderieren, Präsentieren, Evaluieren, Vergleichen) hinzu.

Organisationstheoretisch informierte Einmischungen in die aktuellen Managementdiskussionen

Kühl, Stefan (2015): *Wenn die Affen den Zoo regieren. Die Tücken der flachen Hierarchien.* 6., aktual. Aufl., Frankfurt a. M., New York: Campus.

Kühl, Stefan (2015): *Das Regenmacher-Phänomen. Widersprüche im Konzept der lernenden Organisation.* 2., aktual. Aufl., Frankfurt a. M., New York: Campus.

Kühl, Stefan (2015): *Sisyphos im Management. Die vergebliche Suche nach der optimalen Organisationsstruktur.* 2., aktual. Aufl., Frankfurt a. M., New York: Campus.

Überblick über die zentralen Bücher und Artikel der Organisationsforschung
Kühl, Stefan (Hg.) (2015): *Schlüsselwerke der Organisationsforschung.* Wiesbaden: Springer VS.

Überblick über quantitative und qualitative Methoden zum Verständnis von Organisationen
Kühl, Stefan; Strodtholz, Petra; Taffertshofer, Andreas (Hg.) (2009): *Handbuch Methoden der Organisationsforschung.* Wiesbaden: VS Verlag für Sozialwissenschaften.

Englische Fassungen werden zu allen diesen Beiträgen entstehen oder sind bereits entstanden. Unveröffentlichte Vorfassungen können unter quickborn@metaplan.com angefordert werden.

Printed by Printforce, the Netherlands